Business English

ganz leicht

Korrespondenz

Briefe, E-Mails und SMS

Barry Baddock
Susie Vrobel

Hueber Verlag

3. 2. 1. | Die letzten Ziffern
2016 15 14 13 12 | bezeichnen Zahl und Jahr des Druckes.
Alle Drucke dieser Auflage können, da unverändert, nebeneinander benutzt werden.
1. Auflage

Umschlaggestaltung: creative partners gmbh, München
Umschlagfoto: © marcus/Shotshop.com; iStockphoto/Clerkenwell_Images
Satz: Sieveking print & digital, München
Druck und Bindung: Auer Buch + Medien GmbH
Printed in Germany
ISBN 978–3–19–309507–7

Inhalt

In-company emails

Teil 3 – Business SMS

Vorwort

Willkommen bei unserer Reihe **Business English ganz leicht.** Der vorliegende Band **Korrespondenz – Briefe, E-Mails und SMS** hilft Ihnen, Ihre Geschäftskorrespondenz auf Englisch zeitgemäß und schnell abzuwickeln.

Wann sollte eine E-Mail förmlich, in ganzen Sätzen und ohne Abkürzungen formuliert werden? Was muss man bei Faxen berücksichtigen? Gibt es Unterschiede zwischen dem Layout von britischen und amerikanischen Briefen? Welche Kürzel können in einer SMS verwendet werden, in welchen Situationen sollten Sie lieber darauf verzichten?

Die Musterbriefe, -E-Mails und -SMS im Buch und auf der CD-ROM helfen Ihnen, diese und viele andere Fragen zu beantworten.

So benutzen Sie das **Buch:**

- Das Buch ist in drei Teile gegliedert: Geschäftsbriefe, E-Mails und SMS. Das Inhaltsverzeichnis gibt Ihnen einen Überblick über die Themen und Anlässe der Mustertexte.
- Jeder Teil bietet eine Einleitung mit Tipps zum Verfassen des jeweiligen Texttyps. Danach folgen die Mustertexte – geordnet nach Anlässen und Themen. Suchen Sie den Text aus, den Sie benutzen wollen, und überlegen Sie sich mithilfe der Tipps, welche Änderungen erforderlich sind.
- Zu allen Musterbriefen, -E-Mails und -SMS finden Sie nach dem englischen Text die deutsche Übersetzung.
- Der Anhang bietet eine alphabetische Liste mit häufig benutzten Abkürzungen und Emoticons.

So benutzen Sie die **CD-ROM:**

- Die CD-ROM enthält alle im Buch abgedruckten Musterbriefe, -E-Mails und-SMS in digitaler Form.
- Wenn Ihnen ein Mustertext gefällt, kopieren Sie ihn in Ihre eigenen Dateien. So können Sie größere oder kleinere Teile des Textes direkt übernehmen und als „Gerüst" für Ihre Korrespondenz verwenden.
- Auf der CD-ROM finden Sie auch eine elektronische Version des Buches im ePub-Format. Diese können Sie z. B. auf Ihr Smartphone oder Ihrem Tablet Computer mit einem entsprechenden Reader darstellen. Die Texte, z. B. die SMS können je nach verwendetem Reader über die Zwischenablage direkt in Ihr Messenger- oder Mail-Programm kopiert, angepasst und verschickt werden.

Wir wünschen Ihnen viel Spaß und viel Erfolg mit **Business English ganz leicht – Korrespondenz.**

Teil 1 – Business Letters

Musterlayout – Britisches Englisch

SportlerWelt GmbH

Schachtenstraße 66, 60316 Frankfurt / Main, Deutschland
Tel: +49 (0) 603 444 6900   Fax: + 49 (0) 603 444 6901
www.sportlerwelt.de   info@sw-online.de

11 August 2012

Mr Fraser Roberts
Sales Manager
High Fitness Products Ltd
6 Shetland Rd

Cardiff CF1 2DD
Grossbritannien

Dear Mr Roberts

Operating instructions: "Hi-Worker"

We refer to your "Hi-Worker" training bike which your representative, Mr Dawes, demonstrated to us here last month.

We have now analyzed "Hi-Worker" and see good chances of success if it were put onto the German market. But we would first like to ask you to provide a German version of the operating instructions. Our market research shows that this is an important requirement for selling fitness equipment on the German market.

If you are able to meet this requirement, we would also be pleased to receive detailed information about discounts for regular purchases of "Hi-Worker."

We look forward to hearing from you and hope that we can do business soon.

Yours sincerely,

Olaf Hansen

Olaf Hansen
Manager
Marketing and Training

Musterlayout – Amerikanisches Englisch

SportlerWelt GmbH

Schachtenstraße 66, 60316 Frankfurt / Main, Deutschland
Tel: +49 (0) 603 444 6900 Fax: + 49 (0) 603 444 6901
www.sportlerwelt.de info@sw-online.de

August 11, 2012

Ms Marlene Paterson
Human Resources Manager
Rainbow Fitness Incorporated
24-26 Brookside Tower, Suite 220

Kansas City
KS 66200
USA

Work experience project

Dear Ms Paterson,

I refer to our phone conversation of July 11, in which we discussed a 4-week exchange of management trainees.

I would like to propose that the exchange should begin on March 15. I further propose that we exchange CVs and profiles of the two candidates before the end of this month.

Please let me know if you can agree to these suggestions. In the meantime, do not hesitate to call me if any questions arise.

Sincerely,

Olaf Hansen

Olaf Hansen

Manager
Marketing and Training

Tipps

Brief, E-Mail oder Fax?

- Ein per Briefpost verschickter Brief erzielt meist eine größere Wirkung als eine E-Mail, insbesondere wenn er auf hochwertigem Papier geschrieben wurde. Er wirkt formeller als eine elektronische Mitteilung.
- Beachten Sie: Die Kommunikation per Fax und E-Mail – als Alternative zum Geschäftsbrief – ist besonders praktisch, wenn zusätzlich Kopien weiterer Dokumente schnell verschickt werden müssen.

Layout

- Die zwei Briefe im Musterlayout auf Seite 8 und Seite 9 sind im „full block style", den wir empfehlen. Der gesamte Text ist linksbündig. Mit diesem klaren, einfachen, und international benutzten Stil sind die meisten Firmen vertraut.
- Es gibt allerdings keine absoluten strengen Regeln bezüglich des Layouts von Geschäftsbriefen im Englischen. Der Stil variiert von Firma zu Firma.
- Faxe: Der Haupttext eines Faxes kann das gleiche Layout haben wie ein Geschäftsbrief. Der Kopf oder „header" unterscheidet sich jedoch:

FAO: <receiver> (zu Händen: <Empfänger>)
FaxNo: (Fax-Nummer:)
From: <sender> (Absender:)

Date: (Datum:)
Subject: (Betreff:)
Total Pages: (Seitenzahl:)

Salutation ... (Anrede ...)

Body ... (Faxinhalt ...)

Close ... (Abschluss ...)
Signature (Unterschrift)

Datum (Date)

- Beachten Sie die folgenden Unterschiede in der Schreibweise des Datums:
  BE: Tag-Monat-Jahr
  (11/8/12 = 11 August 2012)
  AE: Monat-Tag-Jahr
  (11/8/12 = November 8, 2012)
- Um ganz sicher zu gehen, schreiben Sie den Namen des Monats aus, z. B.:
  5 June 2013 (BE)
  June 5, 2013 (AE)
- Beachten Sie diese unterschiedliche Schreibweise nicht nur bei der Datierung von Briefen, sondern auch beim Einfügen eines Datums in einen Text (z. B. I refer to our phone conversation of July 11).

Anrede (Salutation)

- Adressieren Sie einen Brief, wenn möglich, persönlich an denjenigen, der ihn lesen soll. Benutzen Sie dabei den Titel und Namen des Adressaten, z. B. Dear Mr Roberts oder, falls Sie per Du sind, Dear Fraser. (Im Zweifelsfall sollten Sie die erste, förmlichere, Variante benutzen.)
- Wenn Sie den Namen des Empfängers nicht kennen (z.B: bei einem Erstkontakt), versuchen Sie, diesen herauszufinden (indem Sie beispielsweise die Rezeption der Firma anrufen und nach dem Namen des Sales Managers fragen).
- Wenn Sie den Namen nicht herausfinden können, beginnen Sie mit: Ladies and Gentlemen (AE) oder Dear Sir or Madam (BE).
  Alternativ können Sie auch die Position innerhalb der Firma angeben (z. B. Dear Sales Manager).
- Benutzen Sie Ms beim Anschreiben einer Frau (z. B. Dear Ms Paterson), es sei den, sie hat Ihnen zu Verstehen gegeben, dass sie lieber mit Mrs oder Miss angesprochen werden möchte.

Wenn Sie sich unsicher sind, ob der Empfänger männlich oder weiblich ist, benutzen Sie den vollen Namen (z. B. Dear Arvit Harishma).

- To Whom It May Concern ist eine sehr formelle Variante, einen Brief zu beginnen. Sie wird hauptsächlich in juristischer Korrespondenz und Empfehlungsschreiben benutzt.

Betreffzeile (Subject line)

- Eine Betreffzeile kann sehr nützlich sein, wenn sie dem Empfänger den Zweck des Briefes anzeigt. Sie kann entweder vor oder nach der Anrede erscheinen und sollte kurz und informativ sein. Oft verweist sie auf früheren Briefwechsel oder Kontakt (z. B. Our meeting of 14 August).
- Geben Sie insbesondere bei der ersten Kontaktaufnahme in der Betreffzeile den Grund Ihres Schreibens an (z. B. Enquiry regarding traineeship; Request for pricing information).
- Heben Sie die Betreffzeile durch Kapitälchen, Fettdruck oder Unterstreichung hervor.

Hauptteil des Briefes (Body text)

Der Text sollte in den folgenden drei Schritten angelegt werden:

1. Einleitung:

- Zeigen Sie dem Empfänger den Grund Ihres Schreiben an (Werbebrief, Anfrage, Bewerbung, Beschwerde?) (z. B. I am writing to enquire about / apologise for / confirm / apply for ... / With reference to your advertisement ...)
- Wecken Sie gleich im ersten Absatz das Interesse ihres Lesers, indem Sie beispielsweise aufzeigen, auf welche Weise er davon profitieren könnte, jetzt weiterzulesen.
- Wenn Sie ihre Firma vorstellen, geben Sie dem Leser einige Hintergrundinformationen. Beschränken Sie sich hier jedoch auf die wichtigsten Punkte. Detaillierte Informationen (z. B. wie eine Bestellung aufgegeben werden kann) sollten an anderer Stelle erscheinen.
- Im Gegensatz zum Deutschen wird der erste Buchstabe im ersten Satz immer groß geschrieben.

2. Hauptteil:

- Erklären Sie den Zweck Ihres Schreibens und stellen Sie dar, was Sie erreichen wollen. Aber kommen Sie zur Sache. Fangen Sie nicht an, abzuschweifen. Hier sind Klarheit, Prägnanz und Präzision gefragt.
- Sobald Sie den Zweck Ihres Schreibens deutlich gemacht haben, gehen Sie sofort zum nächsten Schritt über.

3. Schluss / Nächste Schritte:

- Machen Sie dem Empfänger klar, was Sie von ihm erwarten (z. B. I would be grateful if you could ... / Would you please ... / I would be happy to ...)
- Beenden Sie Ihren Brief mit einem höflichen Schlusssatz (z. B. Thank you in anticipation of your help / Please contact us if you have any questions / We look forward to hearing from you).
- Trennen Sie im gesamten Text Absätze voneinander, indem Sie eine Leerzeile einfügen.

Schlussformel (Complimentary close)

- Schließen Sie im BE mit Yours faithfully (wenn Sie den Namen des Empfängers nicht kennen) oder mit Yours sincerely (wenn Sie ihn kennen).
- Im AE schließt man mit Sincerely yours oder (einfach) Sincerely.
- Wenn Sie den Empfänger persönlich kennen können Sie auch Best regards, With kind regards oder With best wishes schreiben. Diese Ausdrücke werden sowohl im BE als auch im AE benutzt.

Unterschrift (Signature)

- Unterschreiben Sie mit vollem Namen und fügen Sie in Druckbuchstaben Ihre Position bzw. Abteilung hinzu. So weiß der Empfänger, mit wem er es zu tun hat. Schreiben Sie hier jedes Wort groß (z. B. Managing Director / Advertising Department).
- Das englische Gegenstück zu i. A. oder i.V. ist pp. (oder: for and on behalf of). Sie können dieses Kürzel jedoch getrost weglassen, solange Ihre Position und Abteilung hinter der Unterschrift stehen.

Anlagen (Enclosures)

- Wenn Sie Ihrem Brief zusätzliche Dokumente (= enclosures) hinzufügen, erwähnen Sie dies in Ihrem Brief (z. B. I am sending ... / Enclosed you will find ...).
- Enc (= singular) oder Encs (= plural) sollte am Ende des Briefes aufgeführt werden.
- Geben Sie in einem Fax stets die Gesamtseitenzahl an, so dass der Empfänger überprüfen kann, ob er alle Seiten empfangen hat.
- Beachten Sie: Ein Geschäftsbrief sollte kein P.S. enthalten. Alle Informationen sollten im Text des Briefes oder in den Anlagen enthalten sein.

Ein Hinweis zur Zeichensetzung

- Besonders im BE ist es heute üblich, weder in Anrede, Gruß, Schlusssatz noch in Abkürzungen Kommata zu verwenden.

Lesen Sie Ihren Brief noch einmal durch!

- Suchen Sie nach Fehlern, Lücken im logischen Aufbau und Auslassungen. Ein Programm zur Überprüfung der Rechtschreibung und Grammatik kann hier hilfreich sein.
- Prüfen Sie auch die Länge. Ist Ihr Brief zu lang, liest der Empfänger vielleicht über wichtige Details hinweg. Streben Sie als Daumenregel an, nicht mehr als fünf Absätze zu schreiben, die jeweils aus nicht mehr als fünf Sätzen bestehen. Dies kommt der Konzentrationsspanne der meisten Leser sehr entgegen!
- Da Englisch von China bis Brasilien als Geschäftssprache benutzt wird, müssen Sie damit rechnen, dass einige Korrespondenten nur über bescheidene Sprachkenntnisse verfügen. Im Zweifelsfall sollten Sie Abkürzungen ausschreiben. Vermeiden Sie Firmenjargon und formen Sie lange, komplexe Sätze in zwei einfache um.

Musterbriefe

Die Vollfassung mit Briefkopf usw. dieser ersten zwei Musterbriefe finden Sie auf S. 8 – 9.

1 Making a request

Dies ist ein Brief von einer deutschen an eine britische Firma. Die beiden Seiten stehen bereits in Kontakt. Wie auch im Deutschen kann im Plural (= we / us / our) geschrieben werden, wenn man die Firma repräsentiert.

Dear Mr Roberts

Operating instructions: "Hi-Worker"

We refer to your "Hi-Worker" training bike which your representative, Mr Dawes, demonstrated to us here last month.

We have now analyzed "Hi-Worker" and see good chances of success if it were put onto the German market. But we would first like to ask you to provide a German version of the operating instructions. Our market research shows that this is an important requirement for selling fitness equipment on the German market.

If you are able to meet this requirement, we would also be pleased to receive detailed information about discounts for regular purchases of "Hi-Worker."

We look forward to hearing from you and hope that we can do business soon.

Yours sincerely,
Olaf Hansen
Manager
Marketing and Training

1 Ein Anliegen vorbringen

Sehr geehrter Mr Roberts,

Bedienungsanleitung „Hi-Worker"

wir schreiben Ihnen bezüglich Ihres „Hi-Worker" Training-Fahrrads, das uns Ihr Vertreter Mr Dawes im letzten Monat hier vorführte.

Wir haben nun eine Analyse von „Hi-Worker" vorgenommen und sehen gute Chancen, das Gerät erfolgreich auf dem deutschen Markt zu vertreiben. Zunächst möchten wir jedoch anfragen, ob es Ihnen möglich ist, eine deutsche Bedienungsanleitung zu liefern. Unsere Analyse hat ergeben, dass dies eine wichtige Voraussetzung für den Vertrieb von Fitnessgeräten auf dem deutschen Markt ist.

Falls Sie unserem Anliegen entsprechen können, hätten wir auch gerne Ihre vollständigen Angaben zu Rabatten auf regelmässige Ankäufe von „Hi-Worker".

Wir freuen uns auf Ihre Antwort und hoffen, bald geschäftliche Beziehungen aufnehmen zu können.

Mit freundlichen Grüßen
Olaf Hansen
Vertrieb und Training

2 Co-ordinating arrangements

Diese Mal schreibt Mr Hansen an eine amerikanische Firma. Da er nun als Individuum korrespondiert, schreibt er vom persönlichen Standpunkt (= I / me). Beachten Sie das Datum in AE.

Work experience project

Dear Ms Paterson,

I refer to our phone conversation of July 11, in which we discussed a 4-week exchange of management trainees.

I would like to propose that the exchange should begin on March 15. I further propose that we exchange CVs and profiles of the two candidates before the end of this month.

Please let me know if you can agree to these suggestions. In the meantime, do not hesitate to call me if any questions arise.

Sincerely,
Olaf Hansen
Manager
Marketing and Training

2 Vereinbarungen koordinieren

Projekt Berufserfahrung

Sehr geehrte Ms Paterson,

ich schreibe in Bezug auf unser Telefongespräch vom 11. Juli, in dem wir einen 4-wöchigen Austausch unserer Auszubildenden im Management besprochen haben.

Ich würde gerne vorschlagen, dass der Austausch am 15. März beginnt. Darüber hinaus schlage ich vor, dass wir die Lebensläufe und Profile der beiden Kandidaten vor Ende des Monats austauschen.

Bitte teilen Sie mir mit, ob Sie diesen Vorschlägen zustimmen. Sollten in der Zwischenzeit Fragen auftauchen, so zögern Sie bitte nicht, mich anzurufen.

Mit freundlichen Grüßen
Olaf Hansen
Manager
Vertrieb und Training

3 Stating terms

Ein Antwortschreiben auf die Anfrage eines Kunden. Es handelt sich um einen wichtigen Geschäftsbrief, da ein Kunde, der präzise Informationen wünscht, meist ein guter potenzieller Geschäftspartner ist. Das Antwortschreiben dankt dem Kunden, liefert die gewünschten Informationen und endet mit einem einladenden Gruß.

Dear Ms Slade,

We were very happy to receive your enquiry. As requested, we are sending enclosed our export price list. Assuming that substantial quantities are ordered, we are quite prepared to arrange an individual offer for you.

In the case of first-time orders, we deliver on the basis of an irrevocable and confirmed letter of credit in our favour, payable at Commerzbank, Frankfurt. With repeat orders, however, we would accept payment on a CAD basis.

Our delivery period is currently approx. 9 days from receipt of order, subject to individual requirements, eg concerning design, packaging or transport.

Should you have any further questions, do not hesitate to contact us. We look forward to receiving your order.

Yours faithfully,
Michael Goddard
Sales Manager

Enc.

3 Bedingungen festlegen

Sehr geehrte Ms Slade,

wir haben uns sehr über den Erhalt Ihrer Anfrage gefreut. Wie gewünscht, übersenden wir Ihnen in der Anlage unsere Exportpreisliste. Vorausgesetzt, dass größere Mengen bestellt werden, sind wir gern bereit, Ihnen ein individuelles Angebot zu machen.

Bei Erstaufträgen liefern wir auf der Basis eines unwiderruflichen und bestätigten Dokumentenakkreditivs zu unseren Gunsten, zahlbar bei der Commerzbank Frankfurt. Bei Wiederholungsaufträgen würden wir jedoch Bezahlung auf CAD-Basis akzeptieren.

Die Lieferzeit für unsere Produkte beträgt zurzeit ca. 9 Tage nach Auftragserhalt, vorbehaltlich individueller Wünsche, z. B. hinsichtlich Design, Verpackung oder Transport.

Sollten Sie weitere Fragen haben, so zögern Sie nicht, sich mit uns in Verbindung zu setzen. Wir freuen uns auf Ihre Bestellung.

Mit freundlichen Grüßen
Michael Goddard
Verkaufsleiter

Anlage

4 Breaking bad news

Obwohl der (deutsche) Verfasser dieses Briefes Nein sagt, sieht er doch in dem (britischen) Adressaten einen potenziellen zukünftigen Kunden. Daher lässt der letzte Absatz taktvoll die Möglichkeit einer zukünftigen Geschäftsbeziehung offen.

Dear Mr Greenwood,

Thank you for the samples of KleenPak waste bags, which we have now had the opportunity to test. I have to tell you, unfortunately, that we will not able to place an order.

While KleenPak waste bags satisfy health and environmental requirements, we see little prospect of marketing them for local industrial use. If you could lower your prices to match those of your main competitors, this would change the picture.

We would like to stress that we are always looking for innovative packaging. So we would be very happy if you would keep us informed of future KleenPak products.

With best wishes,
Barbara Lohr
Director
B. Lohr & Sohn (Grosshandel)

4 Schlechte Neuigkeiten übermitteln

Sehr geehrter Mr Greenwood,

vielen dank für die Muster der KleenPak Abfallbeutel, die wir nun geprüft haben. Leider muss ich Ihnen mitteilen, dass wir keine Bestellung aufgeben können.

Obwohl KleenPak Abfallbeutel die Gesundheits- und Umweltauflagen erfüllt, sehen wir nur geringe Aussichten, sie für den industriellen Gebrauch vor Ort zu vertreiben. Wenn Sie Ihren Preis dem Ihrer Hauptkonkurrenten angleichen könnten, würde dies ein anderes Bild ergeben.

Wir möchten betonen, dass wir immer auf der Suche nach innovativen Verpackungen sind. Daher würden wir uns freuen, wenn Sie uns über zukünftige KleenPak Produkte auf dem Laufenden halten.

Mit freundlichen Grüßen
Barbara Lohr
Direktorin
B. Lohr & Sohn (Grosshandel)

5 Summarising various related points

Hier schreibt ein (schwedischer) Kunde and einen (in Hamburg ansässigen) Exporteur hinsichtlich einiger zusammenhängender Themen. Die Inhalte sind einzeln aufgeführt und ihre Überschriften durch Fettdruck oder farblich hervorgehoben. Die beiden Fragen drücken klar aus, was vom Adressaten erwartet wird.

Dear Frau Weber,

It was nice to talk with you again yesterday. As promised, here is a summary of what we agreed.

Our Order No. 447

Model A19: 200 units
Model A20: 50 units
Delivery: by 30 July

Payment as per previous orders.
Would you please draw up the contract?

Your Model A21

We have now received your sample – many thanks. After testing it (probably by the end of the month), we shall get back to you.

Hamburg meeting:

As agreed, we should meet at your offices to look at designs for future models. This is to confirm that I am available 24-26 July. What time and date would be convenient to you?

Looking forward to hearing from you.

Yours sincerely,
Erik Petersen
Head of Purchasing

5 Zusammenhängende Themen bündeln

Sehr geehrte Frau Weber,

es war nett, gestern wieder mit Ihnen zu sprechen. Hier, wie versprochen, die Zusammenfassung unserer Übereinkünfte.

Unser Auftrag Nr. 447

Modell A19: 200 Stück
Modell A20: 50 Stück
Lieferung: Bis 30 Juli

Zahlung wie bisherige Aufträge
Würden Sie bitte den Vertrag entwerfen?

Ihr Modell A21

Wir haben jetzt Ihr Muster erhalten. Vielen Dank! Nach Prüfung (wahrscheinlich bis Ende des Monats) werden wir uns wieder bei Ihnen melden.

Treffen in Hamburg:

Wie vereinbart, werden wir Sie in Ihren Büroräumen treffen, um die Entwürfe der zukünftigen Modelle anzusehen. Ich bestätige hiermit, dass ich vom 24. bis 26. Juli zur Verfügung stehe. Welche Tageszeit würden Ihnen zusagen?

Ich freue mich auf ihre Antwort.

Mit freundlichen Grüßen
Erik Petersen
Einkaufsleiter

6 Seeking clients

Da dieser Brief an mehrere potenzielle Kunden verschickt wird, beginnt er mit einer unbestimmten Anrede: 'Dear Sir or Madam' Beachten Sie: Im ersten Absatz stellt sich die Firma vor, im zweiten wird um eine Antwort gebeten.

Dear Sir or Madam,

We are a producer of beachwear for the French and German market. At the moment, we are expanding our range, as we expect a considerable increase in demand in the coming season. For every initial order of £1000 or more, we will be offering a 12% discount.

We are seeking dealers to introduce and sell our products in the UK. Should you be interested in the possibility of a dealership with us, we invite you to visit our website at:

www.litehouse.de

We look forward to hearing from you.

Yours faithfully,
Teresa Lyle
Head of Marketing
Beachwear Plus Ltd

6 Auf der Suche nach Kunden

Sehr geehrte Damen und Herren,

wir produzieren Strandbekleidung für den deutschen und französischen Markt. Zurzeit erweitern wir unser Angebot, da wir für die kommende Saison eine beträchtliche Steigerung der Nachfrage erwarten. Für jede Erstbestellung über £1000 bieten wir 12% Rabatt.

Wir suchen Händler, die unsere Produkte in Großbritannien vorstellen und verkaufen. Falls Sie an einer Verkaufsvertretung interessiert sind, bitten wir Sie, unsere Webpräsenz zu besuchen:

www.litehouse.de

Wir freuen uns auf Ihre Antwort.

Mit freundlichen Grüßen
Teresa Lyle
Vertriebsleiterin
Beachwear Plus Ltd

7 Suggesting a meeting

Die Empfängerin dieses Briefs hat angedeutet, dass sie als Mrs (nicht Ms) Pearson angesprochen werden möchte. Daher die Anrede 'Dear Mrs Pearson'.

Beachten Sie, wie der Verfasser (nachdem die wesentlichen Informationen vorgebracht wurden) den Brief mit zwei höflichen Bemerkungen schließt.

Dear Mrs Pearson,

Some weeks ago, you told us that you would like to come to Bavaria 03-09 August, in order to discuss a possible supply contract. We are very interested in this idea, and suggest that we meet at our company office here in Munich.

I further suggest that we make a 10am start. That way, we could show you our work methods, before discussing contractual matters over lunch.

Our Managing Director Thomas Braun and I would be available on any morning of the week in question. Please let me know when you would be able to come.

We look forward to hearing from you and to a fruitful meeting.

With best wishes from Mr Braun and myself,

Yours sincerely
Silke Meier
Business Manager

7 Ein Treffen vorschlagen

Sehr geehrte Mrs Pearson,

vor einigen Wochen teilten Sie uns mit, dass Sie zwischen dem 3. und 9. August nach Bayern kommen möchten, um einen möglichen Liefervertrag zu besprechen. Wir sind sehr an Ihrem Vorschlag interessiert und schlagen vor, dass wir uns hier in unserem Münchner Büro treffen.

Des Weiteren schlage ich vor, dass wir vormittags um 10 Uhr beginnen. Auf diesem Wege könnten wir Ihnen unsere Arbeitsmethoden zeigen bevor wir beim Mittagessen die Vertragsangelegenheiten besprechen.

Unser Geschäftsführer Thomas Braun und ich stehen Ihnen an jedem der in Frage kommenden Wochentage zur Verfügung. Bitte teilen Sie uns mit, welcher Termin Ihnen zusagen würde.

Wir freuen uns auf Ihre Antwort und ein erfolgreiches Treffen.

Mit freundlichen Grüßen, auch im Namen von Herrn Braun,
Silke Meier
Bereichsleiterin

8 Acknowledging an order

Diese beiden Firmen eröffnen erste geschäftliche Kontakte.

Beachten Sie: Der erste Absatz bestätigt den Auftrag, der zweite bittet darum, einer Aufforderung nachzukommen.

Dear Mr Miles,

Thank you for your order of 15 October. We expect the 25 units of Red Royal to be ready for despatch within 4 weeks. We will then have a despatch advice sent to you immediately.

We would like to draw your attention to the enclosed proforma invoice. Please notify us as soon as the letter of credit has been opened.

Yours sincerely,
H. Munro
Despatch Department

8 Einen Auftrag bestätigen

Sehr geehrter Herr Miles,

vielen Dank für Ihren Auftrag vom 15. Oktober. Wir rechnen damit, dass die 25 Stück Red Royal innerhalb von 4 Wochen versandbereit sein werden. Wir werden Ihnen dann unverzüglich eine Versandanzeige zugehen lassen.

Wir möchten Sie auf die beiliegende Proformarechnung hinweisen und bitten Sie um Mitteilung, sobald der Akkreditiv eröffnet ist..

Mit freundlichen Grüßen
H. Munro
Versandabteilung

9 Apologizing for a delay

Hier sind weder der Verfasser noch der Adressat englische Muttersprachler (ein deutscher Exporteur und ein malaysischer Kunde): ein Beispiel für den Gebrauch von Englisch als internationale Handels- und Geschäftssprache.

Dear Mr Lai,

We are very sorry to have to tell you that we are unable to keep to our agreed delivery deadline. This is because a strong demand for the articles you ordered means that our suppliers are not able to deliver the required quantities on time. Unfortunately, this situation obliges us to ask you for an extension of the delivery period.

We would point out, though, that our suppliers have promised to deliver by the end of next week. This means you should receive the goods by the end of May.

We apologize for this delay, and hope that it does not cause you great inconvenience.

Yours faithfully,
Thorsten Meier
Despatch Manager
Meier & Meier (Grosshandel) GmbH

9 Sich für eine Verzögerung entschuldigen

Sehr geehrter Mr Lai,

mit Bedauern müssen wir Ihnen mitteilen, dass wir unseren zugesagten Liefertermin nicht einhalten können, da eine beträchtliche Nachfrage nach den von Ihnen bestellten Artikeln dazu geführt hat, dass unsere Zulieferer die benötigten Mengen nicht rechtzeitig liefern können. Leider zwingt uns diese Situation, Sie um eine Verlängerung der Lieferzeit zu bitten.

Wir möchten jedoch darauf hinweisen, dass unsere Zulieferer zugesagt haben, bis Ende nächster Woche zu liefern. Somit könnten Sie die Waren bis Ende Mai erhalten.

Wir entschuldigen uns für diese Verzögerung und hoffen, dass er Ihnen keine allzu großen Unannehmlichkeiten verursacht.

Mit freundlichen Grüßen

Thorsten Meier
Versandleiter
Meier & Meier (Grosshandel) GmbH

10 Negotiating terms of delivery

Der (deutsche) Verfasser dieses Briefs antwortet auf ein Angebot eines (britischen) Exporteurs. Beachten Sie, dass der mit 'Please bear in mind ...' beginnende Satz den Adressaten auf zukünftige Aufträge hoffen läßt.

Dear Ms Dennison,

Thank you for your quotation for 400 units of your new Angel model. We note that the price includes delivery to the port of Hamburg. For this order, though, we would like to have your adjusted quotation for door-to-door delivery.

Would you also tell us when we could expect to take delivery if we placed an order immediately?

Please bear in mind that, if we find your new price acceptable, we may well place further orders in the course of the year.

Looking forward to hearing from you.

Yours sincerely,
Werner Lothar
Business Manager

10 Lieferbedingungen aushandeln

Sehr geehrte Ms Dennison,

vielen Dank für Ihren Kostenvoranschlag für 400 Stück Ihres neuen Angel Modells. Wir haben zur Kenntnis genommen, dass der Preis die Lieferung bis zum Hamburger Hafen beinhaltet. Für diesen Auftrag bitten wir Sie jedoch um Ihr Preisangebot für eine Lieferung von Haus zu Haus.

Würden Sie uns bitte auch mitteilen, wann wir bei sofortiger Bestellung die Lieferung erwarten können?

Bitte denken Sie daran, dass wir Ihnen im Laufe des Jahres durchaus weitere Aufträge erteilen, wenn uns Ihr Angebot preislich zusagt.

Wir freuen uns auf Ihre Antwort.

Mit freundlichen Grüßen
Werner Lothar
Geschäftsführer

11 Negotiating terms of payment

Ein Ersuch um Klärung der Zahlungsbedingungen. Beachten Sie, dass der letzte (aus einem Satz bestehende) Absatz eine konkrete Handlungsaufforderung beinhaltet.

Dear Sales Manager

<u>Terms of payment</u>

We are considering ordering a quantity of your Style 15/1. But we note that you require 100% advance payment for first-time orders; 25% for subsequent orders.

We should point out that we are an amalgamation of two companies, formerly Karsten & Stille (Mode) and FashionLand Hamburg. In view of your earlier business with FashionLand, we hope that you can agree to 25% advance payment for our order.

Would you kindly confirm that this arrangement will be acceptable?

Many thanks,

Yours faithfully,
Hella Karsten-Bürer
Head of Accounts

11 Zahlungsbedingungen aushandeln

Sehr geehrter Verkaufsleiter,

<u>Zahlungsbedingungen</u>

wir erwägen eine Bestellung Ihres Style 15/1, haben jedoch bemerkt, dass Sie bei Erstbestellungen eine 100%ige Vorauszahlung verlangen und 25% bei Folgeaufträgen.

Wir weisen darauf hin, dass wir ein Unternehmenszusammenschluss der beiden ehemaligen Firmen Karsten & Stille (Mode) und FashionLand Hamburg sind. In Anbetracht Ihrer früheren Geschäftsbeziehungen mit FashionLand hoffen wir, dass Sie mit einer 25%igen Vorauszahlung für unseren Auftrag einverstanden sind.

Wären Sie bitte so freundlich zu bestätigen, dass Sie dieser Regelung zustimmen?

Verbindlichen Dank.

Mit freundlichen Grüßen
Hella Karsten-Bürer
Buchhaltungsleiterin

12 Seeking agreement

Eine Speditionsfirma hat eine Problem. Beachten Sie, dass der Verfasser, nachdem er das Problem benannt hat, zum wesentlichen Punkt übergeht: sich um eine Einigung zu bemühen.

<u>Your Consignment No. 33/02</u>

To the Managing Director,

G.S. Layman Pharmaceutical Ltd.

Dear Sir,

The above consignment has arrived 3 weeks late, due to the Italian rail strike. We now have a storage problem, as several other consignments have also arrived this week.

We will move the goods to our warehouse as soon as possible. In the meantime, we are allowed to store them at the docks, and need not collect them before the end of the month. But we do need a dock storage permit, which has to be renewed daily at $140 per day. Could you tell us, please, whether you are prepared to pay this additional cost?

Yours faithfully,
Marion Lothar
Transport Department

12 Sich um eine Einigung bemühen

Ihre Lieferung Nr. 33/02

An den Geschäftsführer

G.S. Layman Pharmaceutical Ltd.

Sehr geehrter Geschäftsführer,

aufgrund des italienischen Eisenbahnstreiks verzögerte sich die obengenannte Lieferung um 3 Wochen. Da in dieser Woche ebenfalls zahlreiche andere Lieferungen bei uns eintrafen, haben wir nun ein Lagerungsproblem.

Wir werden die Güter so bald wie möglich in unser Lagerhaus bringen. In der Zwischenzeit haben wir die Erlaubnis, sie in den Docks zu lagern und müssen sie nicht vor Ende des Monats abholen. Wir benötigen allerdings eine Lagerungserlaubnis für die Docks, welche täglich für $140 erneut werden muss. Könnten Sie uns bitte mitteilen, ob Sie bereit sind, diese zusätzlichen Kosten zu übernehmen?

Mit freundlichen Grüßen
Marion Lothar
Transportabteilung

13 Arranging a postponement

Dieser Brief wird an Adressaten in zwei verschiedenen Ländern verschickt, mit einer Kopie an einen dritten Empfänger. Da sich alle untereinander kennen, ist der Stil relativ formlos (z. B. keine Stellenbezeichnungen).

Dear Ms Lindström,
Dear Mr Leyland,

Unfortunately, due to the air traffic control strike, we have to postpone our planned meeting.

Having spoken to you both and to our Frau Barthes, I suggest that Monday, 24 May would be a suitable new date to meet.

Would a 10am start at our company offices be convenient? Would you both get back to me to confirm this arrangement soon, please, so that I can make the necessary preparations? Thank you.

With best wishes to you both,
Franz Müller
Copy: Renate Barthes

13 Einen Termin verschieben

Sehr geehrte Ms Lindström,
Sehr geehrter Mr Leyland,

aufgrund des Fluglotsenstreiks müssen wir unser geplantes Treffen leider verschieben.

Nachdem ich nun mit Ihnen und Frau Barthes gesprochen habe, würde ich Montag, den 24. Mai als neuen Termin für ein Treffen vorschlagen.

Würde es Ihnen zusagen, um 10 Uhr morgens in unseren Firmenbüros zu beginnen? Würden Sie mir beide diesen Termin bitte bald bestätigen, so dass ich alle notwendigen Vorbereitungen treffen kann? Vielen Dank.

Mit freundlichen Grüßen an Sie beide
Franz Müller
Kopie: Renate Barthes

14 Seeking conference participants

Eine international Konferenz soll in Deutschland veranstaltet werden. Die Konferenzsprache ist Englisch. Daher ist die Einladung an potenzielle Teilnehmer ebenfalls in Englisch verfasst.

Dear Business Manager,

With great pleasure, we would like to invite you to our international conference on:

Developments in Transport Logistics

at Hotel Schilling Conference Rooms (opposite our offices).

Date: Friday, 25 April

Are you keen to control mounting transportation costs in your business? Last year, increases in road traffic, journey times and oil prices saw freight costs in Europe rise by an estimated 7%. This international conference will focus on ways of reducing transport costs by means of cloud-supported logistics systems. The conference language will be English.

Keynote Address: Don Woodhouse of Integrated Transport Systems (New York)

Invited speakers:
Muriel Banks (Handley Business School, Birmingham)
Dr Kurt Schomber (Vienna Logistics Research Group)
Bob Handley (Transportation Manager, JT Brown Wholesale, UK)

Early bird registration by 15 February

Late registration after 15 February

The registration fee includes:
- Participation in the Mayor's reception
- Lunch

Barrier-free access

Accommodation will be available at Hotel Schilling's conference rate.

To register, please visit www.logistic-conf.de

And do feel free to call me (Mobile: 03347788) if you have any questions.

I look forward to receiving your registration and welcoming you at Hotel Schilling.

With best wishes,
Peter Braunholz
For Conference Organising Committee

14 Sich um Teilnehmer für eine Konferenz bemühen

Sehr geehrter Geschäftsleiter,

es ist uns eine besondere Freude, Sie zu unserer internationalen Konferenz:

Developments in Transport Logistics

in den Konferenzräumen des Hotel Schilling (gegenüber unseren Büroräumen) einzuladen.

Datum: Freitag, den 25. April

Möchten Sie gern den steigenden Transportkosten in Ihrem Geschäft gegensteuern? Aufgrund des gestiegenen Verkehrsaufkommens, längeren Fahrzeiten und gestiegenen Ölpreisen stiegen die Frachtkosten Europa im letzten Jahr um geschätzte 7% an. Diese internationale Konferenz konzentriert sich auf Methoden, Transportkosten mit Hilfe Cloud-gestützter Logistiksysteme zu reduzieren. Die Konferenzsprache ist Englisch.

Keynote Address: Don Woodhouse von Integrated Transport Systems (New York)

Eingeladene Sprecher:
Muriel Banks (Handley Business School, Birmingham)
Dr Kurt Schomber (Vienna Logistics Research Group)
Bob Handley (Transportation Manager, JT Brown Wholesale, UK)

Anmeldefrist für Frühbucher: 15. Februar

Nachmeldung ab 15. Februar

Die Gebühren beinhalten:
- Teilnahme am Empfang des Bürgermeisters
- Mittagessen

Barrierefreier Zugang

Das Hotel Schilling bietet Ihnen Unterbringung zu ermäßigten Konferenzkonditionen.

Um sich anzumelden, besuchen Sie unsere Webseite: www.logistic-conf.de

Darüber hinaus stehe ich Ihnen gern telefonisch bei etwaigen Fragen zur Verfügung (Mobil: 03347788).

Ich freue mich auf Ihre Anmeldung und hoffe, Sie im Hotel Schilling begrüßen zu dürfen.

Mit freundlichen Grüßen
Peter Braunholz

im Namen des Organisationsausschusses der Konferenz

15 Announcing a conference timetable

Die letzten Einzelheiten der Konferenz wurden organisiert. Nun wird der Zeitplan allen Teilnehmern zugesandt.

Dear Ms Hinman,

Developments in Transport Logistics

Thank you for your conference registration and payment of the fee. I am very much looking forward to seeing you and your fellow participants at Hotel Schilling on 25 April.

Here, for your information, is the conference timetable:

10.00–10.30am (Windsor Room):
Reception and introductions

10.45am–11.45am (Yorkist Room):
Keynote Address: Don Woodhouse (Integrated Transport Systems (New York) Inc): *Logistical Networks*
Questions & discussion

12.00noon–1.00pm (Hotel Schilling Restaurant): Lunch

1.15pm–2.45pm (Yorkist Room):
Muriel Banks (Handley Business School, Birmingham): *Transport Costing.*
Questions & discussion

2.45pm–3.15pm: Coffee

3.15pm–4.15pm (Yorkist Room):
Dr Kurt Schomber (Vienna Logistics Research Group): *Developments in computerized packaging.*
Questions & discussion

4.30pm–5.30pm (Windsor Room)
Round-table discussion: *The Future of Freight Transport.*
Chair: Bob Handley (Transportation Manager, JT Brown Wholesale, UK)

Summing-up and farewells

Please call me (Mobile: 03347788) should any difficulties arise. In the meantime, we may look forward to a most rewarding conference.

With best wishes,
Peter Braunholz
For the Conference Organising Committee

15 Einen Konferenz-Zeitplan ankündigen

Sehr geehrte Ms Hinman,

Developments in Transport Logistics

vielen Dank für Ihre Anmeldung und Überweisung der Konferenzgebühren. Ich freue mich sehr darauf, Sie und Ihre Kollegen am 25. April im Hotel Schilling kennenzulernen.

Zu Ihrer Information, hier der Konferenz-Zeitplan:

10.00 – 10.30 (Windsor Room): Empfang und Vorstellung

10.45 – 11.45 (Yorkist Room):
Keynote Address: Don Woodhouse (Integrated Transport Systems (New York) Inc): *Logistical Networks.*
Fragen und Diskussion

12.00 – 1.00 (Hotel Schilling Restaurant):
Mittagessen

1.15 – 2.45 (Yorkist Room):
Muriel Banks (Handley Business School, Birmingham): *Transport Costing*
Fragen und Diskussion

2.45 – 3.15: Kaffee

3.15 – 4.15 (Yorkist Room):
Dr Kurt Schomber (Vienna Logistics Research Group): *Developments in computerized packaging.*
Fragen und Diskussion

4.30 – 5.30 (Windsor Room):
Diskussionsrunde: *The Future of Freight Transport*
Vorsitzender: Bob Handley (Transportation Manager, JT Brown Wholesale, UK)
Resümee und Verabschiedung

Bei Problemen jeglicher Art, rufen Sie mich bitte an (Mobil: 03347788).
In der Zwischenzeit wünsche ich Ihnen eine bereichernde Konferenz.

Mit freundlichen Grüßen
Peter Braunholz
im Namen des Organisationsausschusses der Konferenz

16 Notifying a claim

Diesen Brief sandte der Vertreter einer Firma, die eine Beschwerde hinsichtlich einer Lieferung vorbringen möchte. Daher der förmliche Ton des Briefs.

Consignment 445 (Client: Howard Trading (London) Ltd)

To the Managing Director

G. G. Wilson Forwarding & Co

Dear Sir /Madam,

We are sorry to have to inform you that, according to information received from our client, the above consignment was unloaded not in Houston, as directed, but in New York.

As a result of this misdirected order, our client has incurred substantial costs, for which we hold you provisionally responsible. Besides the straight costs for forwarding the consignment from New York to Houston, our client has incurred considerable expense due to the late arrival of the goods.

It is not yet possible at this point to assess the extent of the total cost. As soon as we have more exact figures, we shall send you an invoice. We take it that the loss will be covered by you or whoever was responsible for it.

In the meantime, would you please arrange for us to receive a detailed report on the causes of the confusion?

Yours faithfully
Howard Marshall
Marshall & Day (Shipping Agents)

16 Eine Forderung geltend machen

Warensendung 445 (Kunde: Howard Trading (London) Ltd)

An die Geschäftsleitung

G. G. Wilson Forwarding & Co

Sehr geehrte Damen und Herren,

wir bedauern, Ihnen mitteilen zu müssen, dass die obengenannte Sendung gemäß Mitteilung unseres Kunden nicht wie vorgeschrieben in Houston, sondern in New York entladen wurde.

Durch die Fehlleitung sind unserem Kunden erhebliche Kosten entstanden, für die wir Sie vorsorglich haftbar halten. Neben den reinen Kosten für die Weiterleitung der Sendung von New York nach Houston sind unserem Kunden überdies erhebliche Aufwendungen durch die verspätete Ankunft der Ware entstanden.

Die Höhe der Gesamtkosten ist zur Stunde noch nicht zu überblicken. Sobald uns genaue Zahlen vorliegen, werden wir Ihnen diese in Rechnung stellen. Wir gehen davon aus, dass der Schaden von Ihnen bzw. vom Schadensverursacher übernommen wird.

Würden Sie in der Zwischenzeit bitte veranlassen, dass wir einen genauen Bericht über die Ursache dieser Verwechslung erhalten?

Mit freundlichen Grüßen
Howard Marshall
Marshall & Day (Schiffsmakler)

Consignment 445 (Client: Howard Trading (London) Ltd)

To the Managing Director

G. G. Wilson Forwarding & Co

Dear Sir /Madam,

As we have already informed you, the above consignment was unloaded not in Houston, as directed, but in New York.

Since all the required shipment documents, including the bill of lading, show Houston as the receiving port, the delivery error can only have resulted from a mistake by Bartlett Sea Lines, whom you represent.

Therefore, we hold you fully responsible both for the costs resulting from this delivery error and for all further possible losses which may occur. At the moment, our client cannot specify the exact amount of the resulting costs. As soon as the appropriate figures are known, we shall pass these on to you.

Moreover, we would be interested to know the reason for the misdirected delivery. Please advise us of the results of your investigations.

Yours faithfully
Howard Marshall
Marshall & Day (Shipping Agents)

17 Confirming a claim

Hier wird die im vorangegangenen Brief geltend gemachte Forderung bestätigt. Da noch keine Antwort eingetroffen ist, wiederholt der Verfasser seine Forderung.

17 Einer Forderung Nachdruck verleihen

Warensendung 445 (Kunde: Howard Trading (London) Ltd)

An die Geschäftsleitung

G. G. Wilson Forwarding & Co

Sehr geehrte Damen und Herren,

wie wir Ihnen bereits mitteilten, wurde die obige Sendung nicht wie vorgeschrieben in Houston, sondern in New York entladen.

Da alle erforderlichen Verschiffungspapiere einschließlich des Konnossementes Houston als Empfangshafen deklarieren, kann die Falschauslieferung nur durch einen Fehler der von Ihnen vertretenen Bartlett Sea Lines erfolgt sein.

Wir machen Sie daher sowohl für die aus dieser Falschauslieferung resultierenden Kosten als auch für alle weiteren möglicherweise auftretenden Nachteile voll haftbar. Unser Kunde kann zurzeit den genauen Betrag der entstandenen Mehrkosten noch nicht nennen. Sobald die entsprechenden Zahlen bekannt sind, werden wir diese an Sie weiterbelasten.

Außerdem würde uns der Grund für die Fehlauslieferung interessieren. Bitte unterrichten Sie uns über das Ergebnis Ihrer Nachforschungen.

Mit freundlichen Grüßen
Howard Marshall
Marshall & Day (Schiffsmakler)

18 Setting a deadline

Nachdem der Verfasser keine Antwort auf die beiden vorangegangenen Briefe erhalten hat, setzt er nun eine Frist.

Consignment 445 (Client: Howard Trading (London) Ltd)

To the Managing Director

G. G. Wilson Forwarding & Co

Dear Sir / Madam,

In earlier correspondence, we requested your report on the causes of the misdirected delivery of the above consignment. Up to now, we have received no reply.

In the circumstances, we musk ask you to respond to our request by 15 April. If we do not hear from you by then, we shall assume the delivery error resulted from a mistake by Bartlett Sea Lines, whom you represent. We shall then take steps to seek compensation for our client.

We hope to hear from you soon.

Yours faithfully
Howard Marshall
Marshall & Day (Shipping Agents)

18 Eine Frist setzen

Warenlieferung 445 (Kunde: Howard Trading (London) Ltd)

An die Geschäftsleitung

G. G. Wilson Forwarding & Co

Sehr geehrte Damen und Herren,

in unseren vorangegangenen Schreiben baten wir um Ihren Bericht über die Ursachen der Fehlauslieferung der oben genannten Warensendung. Bisher haben wir noch keine Antwort erhalten.

Unter diesen Umständen müssen wir Sie bitten, bis zum 15. April auf unsere Forderungen einzugehen. Wenn wir bis zu diesem Zeitpunkt nichts von Ihnen gehört haben, werden wir davon ausgehen, dass die Fehllieferung auf einen Fehler der von Ihnen vertretenen Bartlett Sea Lines zurückzuführen ist. Wir werden in diesem Fall Schritte einleiten, um für unseren Kunden Schadensersatz einzufordern.

Wir hoffen auf eine baldige Antwort.

Mit freundlichen Grüßen
Howard Marshall
Marshall & Day (Schiffsmakler)

19 Sending documents

Dieser Brief wurde von einem (deutschen) Exporteur an einen (indonesischen) Kunden verschickt. Die beiden haben bereits umfangreiche geschäftliche Beziehungen gepflegt.

Dear Mrs Narayan,

Shipment AB – 567

For your convenience, I am sending advance copies of documents relating to the above shipment, as follows:

Bill of Lading
Certificate of Origin
Insurance Certificates (3)
Freight Invoice

I hope you find these in order. I hope, too, that you will find our execution of your order completely satisfactory.

Sincerely,
Georg Voigt
Sales & Exports

Encs: 6

19 Dokumente verschicken

Sehr geehrte Mrs Narayan,

Warensendung AB – 567

anbei sende ich Ihnen Vorausexemplare der für obige Warensendung relevanten Dokumente, und zwar wie folgt:

Konnossement
Ursprungszeugnis
Versicherungszertifikate (3)
Frachtrechnung

Ich hoffe, dass sie soweit in Ordnung sind. Des Weiteren hoffe ich, dass Sie unsere Ausführung Ihres Auftrags vollkommen zufriedenstellen wird.

Mit freundlichen Grüßen
Georg Voigt
Verkauf & Export

6 Anlagen

20 Cover letter (job application)

Wenn Sie sich auf eine neue Stelle bewerben, sollte Ihr Anschreiben die wichtigsten Informationen Ihres Steckbriefs hervorheben. Außerdem ist es taktisch klug, um ein Vorstellungsgespräch zu bitten.

To:
The Human Resources Manager
Zepher Textiles Ltd
Dear Ms Johnson

European Sales Representative

I wish to apply for the above position, as advertised in *Die Zeit*. I would welcome the challenge and am convinced that I have the experience and skills you are looking for.

I enclose my CV and references, as requested. I would particularly draw your attention to my 2 years sales experience in Spain. A native speaker of German, I am also fluent in English and Spanish.

I am available for an interview at any time and look forward to hearing from you.

Yours sincerely,
Jürgen Messing

Encs 4

20 Ein Anschreiben (Bewerbungsschreiben)

An die Personalleiterin
Zepher Textiles Ltd

Sehr geehrte Ms Johnson,

Europäischer Handelsvertreter

hiermit bewerbe ich mich für die in der Zeit ausgeschriebene oben genannte Stelle. Ich würde gerne diese Herausforderung annehmen und bin überzeugt, dass ich die von Ihnen gesuchten Erfahrungen und Fähigkeiten mitbringe.

Wie gewünscht lege ich meinen Lebenslauf sowie Empfehlungsschreiben bei. Ich möchte Sie insbesondere auf meine zweijährige Verkaufserfahrung in Spanien hinweisen. Ich bin deutscher Muttersprachler mit fließenden Englisch- und Spanischkenntnissen.

Für ein Vorstellungsgespräch stehe ich Ihnen gerne jederzeit zur Verfügung und freue mich auf Ihre Antwort.

Mit freundlichen Grüßen

Jürgen Messing

4 Anlagen

Teil 2 – Business Emails

Tipps

Schreiben Sie eine sinnvolle Betreffzeile

- Der Betreff sollte zusammenfassenden, nicht beschreibenden Charakter haben.
- Je kürzer, desto besser.
- Benutzen Sie die Betreffzeilen vorangegangener Korrespondenz (z. B. Bestell-Nr. 665) oder eine Zeile, die sowohl der Verfasser als auch der Empfänger versteht.
- Vermeiden Sie Vokabular, das einen Spam-Filter aktivieren könnte.

Geben Sie einen passenden Kontext an

- Wenn möglich, geben Sie den Namen des Empfängers (Dear Mr/Ms ...) an.
- Falls Sie nur eine E-Mail-Adresse der Firma haben, nicht jedoch die persönliche des Adressaten, beginnen Sie mit: For the attention of ... (oder: Attn: ... oder FAO: ...).
- Wenn möglich, beschränken Sie die Mitteilung auf ein Thema.

Format/Struktur/Seitenlayout

- Strukturieren Sie die E-Mail in kurze Abschnitte – ein Thema pro Abschnitt.
- Benutzen Sie die normale Zeichensetzung, dies hilft Nicht-Muttersprachlern, den Text besser zu verstehen.
- Vermeiden Sie das Unterstreichen von Wörtern oder Sätzen, da diese sonst als anklickbare Verweise (Links) fehlinterpretiert werden könnten.
- Benutzen Sie Smileys und andere Emoticons nur im Schriftverkehr mit Freunden – erschlagen Sie den Text nicht mit Bildzeichen (siehe Anhang: Emoticons).
- Wenn angebracht, geben Sie zu Ihrer Unterschrift Ihren Titel oder Ihre Position an (z. B. Sales Manager) sowie den Firmennamen, die Postanschrift, Telefonnummer und die Web-Adresse.
- Wenn Sie auf mehrere Themen in einer E-Mail eingehen wollen, können Sie überlegen, ob Sie nicht Ihre Antworten direkt an den entsprechenden Stellen der erhaltenen E-Mail einfügen (möglichst in einer anderen Farbe oder in einer anderen Schriftart).

Drücken Sie sich einfach aus

- Seien Sie präzise! Je kürzer die Nachricht, desto besser. Sätze sollten leicht lesbar sein, einfach, kurz und bündig.
- Wenn angemessen, verfassen Sie die E-Mail leger, indem Sie einen entspannten Konversationsstil pflegen und Kurzformen (z. B. we're, it's, isn't) verwenden.
- Reduzieren Sie persönliche einleitende Worte auf ein Minimum (z. B. "Good to talk with you yesterday").
- Beenden Sie die E-Mail mit einem Ausblick oder der festen Formulierung eines angemessenen nächsten Schritts; oder: drücken Sie Ihre Bitte oder Anfrage so aus, dass der Empfänger weiß, was Sie von ihm erwarten.
- Geben Sie wichtige Zahlen sowohl in Ziffern als auch ausgeschrieben an.
- E-Mails enthalten oft Abkürzungen (siehe Anhang: Häufig gebrauchte Abkürzungen). Wenn Sie sich jedoch nicht sicher sind, ob die Englischkenntnisse des Empfängers gut genug sind, um Abkürzungen zu verstehen, vermeiden Sie sie. Schreiben Sie in diesem Fall in vollständigen Sätzen.

Editieren Sie den Text und lesen Sie Korrektur

- Bevor Sie den „Abschicken"-Button anklicken, lesen Sie den Text noch einmal durch.

- Halten Sie Ausschau nach
  - grammatisch nicht korrekten Sätzen,
  - Lücken in der logischen Abfolge des Textes,
  - Tippfehlern,
  - Ausdrücken, die ein Nicht-Muttersprachler möglicherweise nicht versteht.
- Wenn möglich, prüfen Sie Ihren Text mit einem englischen Sprachkorrekturprogramm.
- Falls der Konversationston eine wichtige Rolle spielt, lassen Sie den Text noch einmal von einer anderen Person durchlesen, bevor Sie die E-Mail abschicken.

Kopieren

- Benutzen Sie das cc-Feld (carbon copy), falls eine weitere Person die Mitteilung erhalten soll.
- Versuchen Sie, wenn möglich, Nachrichten separat zu verschicken anstatt als bcc (blind carbon copy).
- Überprüfen Sie, dass nur betroffene Adressaten Kopien erhalten.
- Stellen Sie im Adressbuch Ihres E-Mail-Programms Adressenlisten zusammen.

Weiterleiten

- Wenn Sie eine Mitteilung weiterleiten, fügen Sie einen kurzen Kommentar ein, der den Grund für die Weiterleitung erklärt.
- Leiten Sie E-Mails nur dann weiter, wenn
  - Sie überprüft haben, dass diese oder vorangegangene E-Mails (die möglicherweise noch unter der aktuellen Mitteilung zu lesen sind) keine vertraulichen Informationen enthalten.
  - Ihnen der Absender die Erlaubnis dazu erteilt hat.

Verweise auf Webpräsenzen

- Wenn Sie auf Ihre Webpräsenzen verweisen, fügen Sie einen anklickbaren Verweis (Link) in Ihren Text ein.
- Geben Sie dabei die vollständige URL an, inklusive http://, da nicht alle E-Mail-Programme die Zeile als Verweis (Link) interpretieren.
- Alternativ können Sie Websites in der Anlage aufführen.

Anhänge

- Folgende Texte und Dokumente gehören in den Anhang einer E-Mail: Längere Texte im WORD-, RTF- oder PDF-Format, Bilder, Videosequenzen, umfangreiche Verweise (Links), Programme. Z. B.: Absatzzahlen oder -diagramme, Kundenrechnungen, Berichte, Anfahrtsskizzen, Video- oder PPT-Präsentationen.
- Software sollte nur bedingt als Anlage verschickt werden, da ausführbare Dateien (= .exe) potenzielle Virenträger sind.
- Auch sollten pro E-Mail nicht mehr als 3–5 MB verschickt werden, da einige Server und Systeme mit großen Anhängen Probleme haben.

Zusätzliche Möglichkeiten

- Erwägen Sie, sich durch eine kurze Erklärung am Ende Ihrer E-Mails rechtlich abzusichern, z. B.: "The contents of this email & any attachments sent with it are confidential and for the addressee only. Any unauthorised copying or distribution by anyone else is prohibited. Please delete this email if you have obtained it in error."

Muster-E-Mails

Emails to & from the company

Die Kopfzeilen einer E-Mail unterscheiden sich im Deutschen und Englischen nicht nur durch das Vokabular. Auch die Reihenfolge der Zeilen ist, je nach benutztem E-Mail-Programm, unterschiedlich.
Die Betreffzeile heißt im Englischen **subject line.** In der Kopfzeile wird sie abgekürzt und erscheint als **subject.** Empfänger und Absender werden einfach mit **to** und **from** gekennzeichnet. Das Datum erscheint nach **date** (oder **sent** im Eingangskorb). Die Reihenfolge dieser Angaben ist, je nach verwendetem Programm, sehr unterschiedlich, z. B.:

From:

Date:
To:
Subject:

From:
Subject:
Sent:
To:

Die vollständige Kopfzeile und die Absenderinformationen (unter dem eigentlichen Text) werden hier nur einmal kurz vorgestellt und erscheinen in den nachfolgenden E-Mail-Modellen nicht mehr.

1 Answering a request (complete with header)

Ms Hosokawa aus Osaka erhält ein Angebot, das sie von Lanter GmbH angefordert hatte.

Subject: **Offer as requested**
From: **<a.sommer@lanter.de>**
To: **<hos.osaka@aol.com>**
Sent: **28. Apr 2012 11:56**

Dear Ms Hosokawa,

Thank you very much for your enquiry.

In the attachment, please find the required offers.

We will be happy to answer any further questions.

Yours sincerely,

Lanter GmbH
Sales Dept.
Anke Sommer
Accounts Department

Attachments: AV001.pdf, AV002.pdf, AV007.pdf

****

Lanter GmbH, Mergellstraße 22,
D-91301 Forchheim
Phone: +49 9191 5224-49
Fax: +49 9191 5224-849
eMail: a.sommer@lanter.de
Internet: http://www.lanter.de

1 Eine Anfrage beantworten (vollständig mit Kopfzeilen)

Betreff: Angebot wie gewünscht
Absender: <a.sommer@lanter.de>
Empfänger: <hos.osaka@aol.com>
Datum: 28. Apr 2012 11:56

Sehr geehrte Ms Hosokawa,

vielen Dank für Ihre Anfrage.

In der Anlage erhalten Sie die gewünschten Angebote.

Für Rückfragen stehen wir Ihnen jederzeit gern zur Verfügung.

Mit freundlichen Grüßen
Lanter GmbH
Abteilung Verkauf
Anke Sommer
Buchhaltung

Anlagen: AV001.pdf, AV002.pdf, AV007.pdf

****

Lanter GmbH, Mergellstraße 22,
D-91301 Forchheim
Phone: +49 9191 5224-49
Fax: +49 9191 5224-849
eMail: a.sommer@lanter.de
Internet: http//:www.lanter.de

2 Updating a business partner

Die Managerin eines britischen Herstellers von orthopädischen Produkten schickt eine E-Mail an ihren deutschen Vertreiber. Halb-förmlicher Stil: Die beiden sind seit zwei Jahren geschäftlich in Verbindung ...

Subject: Update on production plans

Dear Herr Eysel,

I'm writing to tell you about a new development here. Our orthopaedic cushions haven't sold well during the past 18 months. So we've decided to phase them out. Instead we'll focus on our mechanical goods, particularly orthopaedic chairs.

The prospects for orthopaedic chairs are good. Our market research indicates a 10 – 20% increase in demand over the next 2 years. Given the growing numbers of retired people, that demand will remain strong.

Of course, the increase in demand will mean more competition. We don't want to produce more goods than we're finally able to sell. So we're reviewing our production targets. I'll let you know more on that asap.

OK, I just wanted to put you in the picture. Please call me if you have any questions.

Sarah Bullivant

2 Einen Geschäftspartner auf den neuesten Stand bringen

Betreff: Neuester Stand der Produktionspläne

Lieber Herr Eysel,

ich schreibe Ihnen, um Sie über eine neue Entwicklung bei uns zu unterrichten. Unsere orthopädischen Kissen haben sich während der letzten 18 Monate nicht gut verkauft. Daher haben wir uns entschieden, sie auslaufen zu lassen. Wir werden uns stattdessen auf unsere mechanischen Produkte, insbesondere orthopädische Stühle, konzentrieren.

Die Aussichten für orthopädische Stühle sind gut. Unsere Marktforschung geht von einem 10 – 20%-igen Anstieg der Nachfrage innerhalb der nächsten zwei Jahre aus. Aufgrund der steigenden Anzahl von Rentnern wird diese Nachfrage hoch bleiben.

Natürlich wird diese gesteigerte Nachfrage auch mehr Konkurrenz bedeuten. Wir möchten nicht mehr Waren produzieren, als wir dann verkaufen können. Daher überprüfen wir unsere Produktionsziele. Ich werde Sie so bald wie möglich über Weiteres dazu in Kenntnis setzen.

Ich wollte Sie hiermit nur auf dem Laufenden halten. Rufen Sie mich bitte an, falls Sie irgendwelche Fragen haben.

Sarah Bullivant

3 Making a business proposal

Eine deutsche Firma schickt erstmalig eine E-Mail an eine italienische Firma, deren Website sie angesehen hat.

Subject: Your search for European partner

For the attention of Signora Giovanni

We see from your website that you are seeking partners in Europe. We are writing to ask if you would be interested in a trading agreement with us.

To learn more about our company, we invite you to visit our website (below). In the attachment, we are sending you information about our markets and prospects. Should you have any questions, please write or call me on 0401-58832.

If you are interested, we suggest that we meet and talk, preferably before Christmas trading begins.

With best wishes,
Kai Schulz
Managing Director
http://www.mprd.de

Attachments: company_basics.pdf

3 Einen geschäftlichen Vorschlag machen

Betreff: Ihre Suche nach einem europäischen Partner

Z. Hd. Signora Giovanni

Wir haben Ihrer Website entnommen, dass Sie Partner in Europa suchen. Wir schreiben Ihnen, um Sie zu fragen, ob Sie an geschäftlichen Beziehungen mit uns interessiert wären.

Um mehr über unsere Firma zu erfahren, bitten wir Sie, unsere Website (siehe unten) zu besuchen. Im Anhang schicken wir Ihnen Informationen über unsere Märkte und Prognosen. Falls Sie Fragen haben, schreiben Sie uns bitte oder rufen Sie uns an unter 0401-58832.

Fall Sie Interesse haben, schlagen wir vor, uns einmal zu treffen und zu unterhalten, möglichst bevor das Weihnachtsgeschäft anfängt.

Mit freundlichen Grüßen
Kai Schulz
Geschäftsführer
http://www.mprd.de

Anlagen: company_basics.pdf

4 Inviting to an interview

Vier Briten, die sich für denselben Job beworben haben, erhalten diese E-Mail, jede mit persönlicher Ansprache (mit Namen), von einem deutschen Arbeitgeber. Förmlicher Stil.

Subject: Your Application/UK Sales Representative

Dear (name),

After studying your application, our committee have put your name on a shortlist of four applicants. We would be pleased if you could come for an interview, together with the other applicants.

The interviews will take place here on

Monday, 22nd March, commencing 2pm.

We are prepared to pay your travel expenses and hotel accommodation for one night.

Would you kindly email to let me know if you wish to attend the interview?

With best wishes,
Daniel Brinckmann
Committee Secretary

4 Einladung zu einem Vorstellungsgespräch

Betreff: Ihre Bewerbung / Handelsvertreter in Großbritannien

Sehr geehrte/-r Frau/Herr (Name),

nach Durchsicht Ihrer Bewerbungsunterlagen hat unser Ausschuss Ihren Namen auf die Liste der vier besten Bewerber gesetzt. Wir würden uns freuen, wenn Sie mit den anderen Bewerbern gemeinsam zu einem Vorstellungsgespräch erscheinen könnten.

Die Bewerbungsgespräche finden hier am

Montag, den 22. März ab 14.00 Uhr

statt.

Wir sind bereit, Ihnen die Reisekosten und Unkosten für einen Hotelaufenthalt für eine Nacht zu erstatten.

Würden Sie mich bitte per E-Mail informieren, ob Sie zu dem Vorstellungsgespräch erscheinen möchten?

Mit freundlichen Grüßen
Daniel Brinckmann
Sekretariat Personalausschuss

5 Replying to an invitation

Dies ist die Antwort, die eine der Personen, die die obige Einladung erhalten haben, per E-Mail geschrieben hat.

Subject: Interview on 22 March

FAO: Herr Daniel Brinckmann

Dear Herr Brinckmann,

Thanks for your invitation. I would like to attend the interview.

Could you possibly schedule my interview after 3pm, please? If not, I must fly from London the previous day.

I can bring testimonials and/or references. Should I?

With best wishes,
Susan Jenkins

5 Auf eine Einladung antworten

Betreff: Vorstellungsgespräch am 22. März

z. Hd. Herrn Brickmann

Sehr geehrter Herr Brinckmann,

vielen Dank für Ihre Einladung. Ich würde gern zu dem Vorstellungsgespräch kommen.

Können Sie mein Vorstellungsgespräch möglicherweise nach 15.00 Uhr ansetzen? Falls dies nicht möglich ist, müsste ich einen Tag früher nach London fliegen.

Ich könnte meine Zeugnisse und/oder Referenzen mitbringen. Sollte ich dies tun?

Mit freundlichen Grüßen
Susan Jenkins

6 Requesting a meeting

Kirsten Ullrich, die für eine Münchner Firma arbeitet, erhält eine E-Mail von einem ihr bekannten amerikanischen Händler. Nicht förmlich, mit vielen Abkürzungen.

Subject: Your designs/Suggested meeting 13 May

Dear Kirsten,

Remember we met in Chicago in Sept? U wanted to show me the designs your company is working on.

I change planes at Munich on Tuesday, 13 May; departing 1415. Cd we possibly meet, to look at those designs?

If yes, pls suggest mtg time & place at the airport. Best after 1030. Call me on my mobile: 813-451-9081.

Tom Anderson

6 Um ein Treffen bitten

Betreff: Ihre Entwürfe / Vorschlag für ein Treffen am 13. Mai

Liebe Kirsten,

erinnern Sie sich? Wir haben uns im September in Chicago kennen gelernt. Sie wollten mir die Entwürfe zeigen, an denen Ihre Firma arbeitet.

Ich habe am Dienstag, den 13. Mai einen Zwischenstopp in München; Abflug 14.15 Uhr. Könnten wir uns vielleicht treffen und uns diese Entwürfe ansehen?

Wenn ja, schlagen Sie bitte Ort und Zeit für ein Treffen am Flughafen vor. Am besten nach 10.30 Uhr. Rufen Sie mich auf meinem Handy an: 813-451-9081.

Tom Anderson

7 Asking for a best offer

Jens Bürer, der für ein Industrieunternehmen in Dortmund arbeitet, schickt eine E-Mail an einen schwedischen Hersteller, mit dem er kürzlich Kontakt aufgenommen hat. Förmliche Anfrage.

Subject: Order for Jackets

Dear Mr Svenson,

Thank you for the samples of industrial clothing, which we have tested onsite.

We are interested in ordering 30 Large and 30 Medium HardWear Jackets. Would you please send us your best offer for the total order of 60?

We may well place more orders with you in the future if you made these jackets available to us at a competitive price.

With best wishes,
Jens Bürer
Chief Buyer

7 Nach dem günstigsten Angebot fragen

Betreff: Bestellung von Jacken

Sehr geehrter Mr Svenson,

vielen Dank für die Muster der Industriekleidung, die wir vor Ort getestet haben.

Wir sind daran interessiert, 30 große und 30 mittelgroße HardWear-Jacken zu bestellen. Könnten Sie uns bitte Ihr günstigstes Angebot für die Gesamtbestellung von 60 Stück senden?

Wir werden wahrscheinlich zukünftig weitere Bestellungen bei Ihnen tätigen, wenn Sie uns die Jacken zu einem wettbewerbsfähigen Preis zur Verfügung stellen können.

Mit freundlichen Grüßen
Jens Bürer
Einkaufsleiter

8 Making an enquiry

Britta Grünig, deren Firma in Stuttgart niedergelassen ist, schreibt eine förmliche E-Mail an einen britischen Marktforscher, dessen Website sie besucht hat.

Subject: Request for Market Research Report

For the attention of Mr Roger Griffiths

We are a novelty kitchenware producer with a strong presence in Germany. However, our products are relatively unknown elsewhere. We are now interested in selling in the UK market. For this purpose, we will need a market research report.

Would you be interested in producing that report for us? If so, please visit our website, which contains full information on the company.

We look forward to hearing from you.

Britta Grünig
Sales & Marketing
KücheArt GmbH
http://www.kuecheart.de

8 Eine Anfrage tätigen

Betreff: Anfrage zu einem Marktforschungsbericht

Z. Hd. Mr Roger Griffiths

Wir stellen neuartige Küchenutensilien her, mit starker Präsenz in Deutschland. Allerdings sind unsere Produkte andernorts relativ unbekannt. Wir sind jetzt daran interessiert, auf dem britischen Markt zu verkaufen. Zu diesem Zweck benötigen wir einen Marktforschungsbericht.

Wären Sie daran interessiert, diesen Bericht für uns anzufertigen? Falls ja, besuchen Sie bitte unsere Website, die alle Informationen über die Firma enthält.

Wir freuen uns darauf, von Ihnen zu hören.

Britta Grünig
Verkauf & Vertrieb
KücheArt GmbH
http://www.kuecheart.de

9 Responding to samples

Hilke Schwalm (Hamburg) hat Muster von Teemu Hikkonen (Finnland) erhalten. Sie schickt ihm eine kurze Antwort per E-Mail – informeller Stil.

Subject: Your samples/Possible orders

Dear Mr Hikkonen,

Thanks for the samples. We're interested!

You told us you'd be in north Germany in August. I suggest we meet at our offices to discuss possible orders.

When could you come? I'm available most days.

Yours sincerely,
Hilke Schwalm
Business Manager
http://www.hh-parccom.de

9 Auf Musterlieferungen antworten

Betreff: Ihre Muster / Mögliche Bestellungen

Lieber Mr Hikkonen,

danke für die Muster. Wir sind daran interessiert!

Sie haben uns gesagt, dass Sie im August in Norddeutschland sein werden. Ich schlage vor, wir treffen uns hier in der Firma, um über mögliche Bestellungen zu sprechen.

Wann könnten Sie kommen? Ich bin fast jeden Tag da.

Mit freundlichen Grüßen
Hilke Schwalm
Geschäftsführer
http://www.hh-parccom.de

10 Seeking a consultant's advice

Dirk Lothar, der vorhat, in Großbritannien eine Niederlassung seiner Firma zu eröffnen, schreibt eine E-Mail an einen Berater, dessen Dienste er schon einmal in Anspruch genommen hat. Informeller Stil.

Subject: Your Ref 44Birm

Dear Mr Roberts,

Am now considering whether to rent, lease or buy the premises – expect this will depend mainly on equipment & installation costs.

Would U list other factors I sd consider, pls? A short mail will do. Tks.

Yrs,
Dirk Lothar

10 Einen Berater in Anspruch nehmen

Betreff: Ihr Betr 44Birm

Lieber Mr Roberts,

ich überlege gerade, ob ich das Firmengelände mieten, leasen oder kaufen soll – ich nehme an, das hängt hauptsächlich von der Ausstattung und den Einrichtungskosten ab.

Könnten Sie mir eine Liste mit anderen Faktoren, die ich berücksichtigen sollte, zuschicken? Eine kurze E-Mail genügt. Danke.

Ihr
Dirk Lothar

11 Asking for a reference

Ein amerikanisches Unternehmen bittet in einer E-Mail eine deutsche Firma um ein Referenzschreiben für einen Bewerber. Förmlich, in ganzen Sätzen.

Subject: Request for reference for Achim Schneider

Dear Herr Kamin,

Herr Achim Schneider has applied for a position in the Research & Development section of our organization. He has named you as a former employer and as a referee. I would be happy if you would give me your evaluation of Herr Schneider and, in particular, his suitability for the work in question.

If you would like to know more about the work of our organization, please visit our website:

http://www.ucmlg.com/rd.htm

Thanking you in advance for your co-operation,

Yours sincerely,
(Ms) Lynda Holly
Human Resources Manager

11 Um eine Empfehlung bitten

Betreff: Bitte um ein Empfehlungsschreiben für Achim Schneider

Sehr geehrter Herr Kamin,

Herr Achim Schneider hat sich auf eine Stelle in der Forschungs- und Entwicklungsabteilung unseres Unternehmens beworben. Er schlug Sie als ehemaligen Arbeitgeber und Gutachter vor. Ich würde mich freuen, wenn Sie mir Ihre Einschätzung von Herrn Schneider mitteilen könnten, insbesondere hinsichtlich seiner Tauglichkeit für diese Arbeit.

Wenn Sie mehr über die Arbeit unseres Unternehmens erfahren möchten, besuchen Sie bitte unsere Website:

http://www.ucmlg.com/rd.htm

Ich danke Ihnen im Voraus für Ihre Zusammenarbeit.

Mit freundlichen Grüßen
(Ms) Lynda Holly
Management Personalabteilung

12 Writing a reference

Hier ist die Antwort per E-Mail auf die obige Bitte. Ebenfalls förmlich.

Subject: Re: Request for reference for Achim Schneider

Dear Ms Holly,

I am pleased to support Herr Achim Schneider's application for a job with your R&D section. I supervised his duties during his two years as a part-time technician here. So I am in a position to judge his suitability.

Herr Schneider produced consistently fine work for us – always a level higher than that of his fellow technicians. His analyses were thorough, his reports always carefully prepared. Herr Schneider showed himself to be a highly organized individual. I can also attest that his English is good. He will have no difficulty working in an English-speaking country.

We would very much like to have kept Herr Schneider. But he decided to move on, so it is my task now to commend him to you. I am sure that he will be as splendid a worker for you as he was for us.

Yours sincerely,
Roland Kamin
Supervisor R&D

12 Ein Empfehlungsschreiben verfassen

Betreff: Bitte um Empfehlungsschreiben für Achim Schneider

Sehr geehrte Ms Holly,

gern unterstütze ich Herrn Achim Schneiders Bewerbung auf eine Stelle in Ihrer Forschungs- und Entwicklungsabteilung.

Ich war sein Vorgesetzter während seiner zweijährigen Zeit als Teilzeit-Techniker hier. Daher bin ich in der Lage, seine Tauglichkeit zu beurteilen.

Herr Schneider leistete stets gute Arbeit für uns – immer auf etwas höherem Niveau als seine Kollegen in der Technikabteilung. Seine Analysen waren gewissenhaft und seine Berichte immer gut vorbereitet. Herr Schneider zeigte sich als gut organisierter Mitarbeiter. Ich kann ebenfalls bestätigen, dass sein Englisch gut ist. Er wird keine Schwierigkeiten haben, in einem englischsprachigen Land zu arbeiten.

Wir hätten Herrn Schneider gern bei uns behalten. Aber er entschied sich wegzugehen, und so ist es nun meine Pflicht, ihn Ihnen zu empfehlen. Ich bin sicher, dass er für Sie ein ebenso hervorragender Mitarbeiter sein wird, wie er es für uns war.

Mit freundlichen Grüßen
Roland Kamin
Leiter Forschung und Entwicklung

13 Asking about a service

Eine deutsche Firma schickt Kopien dieser E-Mail an mehrere Übersetzungsfirmen. Eine förmliche Anfrage: vollständige Sätze, keine Abkürzungen.

To: sentineltranslations@com-web.ir, info@traduzione.it, grammaserv@ccb-online.gr, info@officeweb.pl

Subject: Can you translate our website?

We are widening our European market base. For this purpose, we need Polish, Italian and Greek versions of our website: http://www.gghg.de

Are you able to provide the necessary translations, please?

The translations of all four pages should be ready by 31 August, to be designed and installed before the Christmas traffic.

If you can meet these requirements, please let me know your charge rates.

Elisabeth König
Chief Executive Officer

13 Anfrage zu einer Dienstleistung

Empfänger:
sentineltranslations@com-web.ir,
info@traduzione.it,
grammaserv@ccb-online.gr,
info@officeweb.pl

Betreff: Können Sie unsere Website übersetzen?

Wir erweitern unsere europäische Marktpräsenz. Zu diesem Zweck benötigen wir polnische, italienische und griechische Versionen unserer Website: http://www.gghg.de. Sind Sie in der Lage, die nötigen Übersetzungen vorzunehmen?

Wenn Sie diese Anforderungen erfüllen können, teilen Sie uns bitte Ihre Gebühren mit.

Elisabeth König
Geschäftsführerin

14 Making an offer

Sentinel Translation Services aus Irland ist eine der Firmen, die auf die obige Anfrage geantwortet haben. Hier ist ihr Angebot, das sie per E-Mail geschickt haben. Genaue Informationen in vollständigen Sätzen.

Subject: Translating your website/ Offer

Dear Frau König,

I am happy to say that we can provide the translations you require.

Our fees are based on text-type and a line of 75 characters

non-technical text: €2.00 per line.

technical text: €2.70 per line.

Your homepage would be classified as non-technical. The remaining pages would be charged as technical texts. For the four pages, our total charge would be €563,-, plus VAT.

Our charge is based on the English version of your website. If you would like us to take the (longer) German version as the base text, please inform us. The charge would remain the same.

Provided we receive your order within 10 days, we can guarantee delivery by 31 August.

Sentinel Translation Services can assure you of first-class, accurate work. To back this up, we invite you to read – in the attachment – testimonials received from prominent European businesses.

If you have any questions, please email me personally, or call me on 00353-12911-4429. I look forward to receiving your order.

Yours sincerely,
Terry Edwards
Director of Services
http://www.sentineltranslations.ir

Attachments: testimonials.doc

14 Ein Angebot machen

Betreff: Übersetzung Ihrer Website / Angebot

Sehr geehrte Frau König,

ich freue mich, Ihnen mitteilen zu können, dass wir die von Ihnen benötigten Übersetzungen anfertigen können.

Unsere Gebühren sind abhängig von der Art des Textes und beziehen sich auf eine Zeilenlänge von 75 Zeichen:

nicht-technischer Text: € 2,00 pro Zeile;

technischer Text: € 2,70 pro Zeile.

Ihre Startseite würden wir als nicht-technischen Text einstufen. Die übrigen Seiten würden wir als technischen Text berechnen. Für alle 4 Seiten würden wir Ihnen € 563,- plus MwSt in Rechnung stellen.

Unsere Gebühren beziehen sich auf die englische Version Ihrer Website. Falls Sie möchten, dass wir die (längere) deutsche Version als Bezugstext nehmen, teilen Sie uns dies bitte mit. Die Gebühren blieben die gleichen.

Vorausgesetzt, wir erhalten Ihren Auftrag innerhalb von 10 Tagen, können wir eine Fertigstellung zum 31. August garantieren.

Sentinel Translation Services garantiert Ihnen erstklassige, genaue Arbeit. Als Beleg hierfür laden wir Sie ein, unsere Referenzen herausragender europäischer Firmen in der Anlage zu lesen.

Falls Sie Fragen haben, schreiben Sie mir bitte persönlich per E-Mail oder rufen Sie mich an unter 00353-12911-4429. Ich freue mich darauf, Ihren Auftrag entgegennehmen zu können.

Mit freundlichen Grüßen
Terry Edwards
Kundendienstleiter
http://www.sentineltranslations.ir

Anlagen: Referenzen.doc

15 Placing an order (1)

Elke Lombard, deren Firma Zubehör für Audio- und andere elektronische Geräte verkauft, schickt eine E-Mail an ihren Lieferanten in Finnland. Förmlicher Stil.

Subject: Our phoned enquiry about items 4455, 4499, 3998

Dear Mr Mikkonen,

This is to place the order we discussed on the phone last Tuesday. Would you please deliver the following items by 15 August:

1000 mobile phone cases (No: 4455)
1000 CD cases (red) (No 4499)
200 earphones (No 3998)

As we agreed on the phone, all goods to be despatched to us CIF Munich. We agree to pay your catalogue prices. Full payment to be made by banker's draft when the goods are delivered.

In your last delivery, the CD cases were partly red and partly blue. In your confirmation, please indicate that all cases will be red this time.

I must insist that this order arrives on time because we have to distribute the goods to our agents soon after.

Yours sincerely,
Elke Lombard
Bodo & Lombard GmbH

15 Eine Bestellung aufgeben (1)

Betreff: Unsere telefonische Anfrage zu den Positionen 4455, 4499, 3998

Sehr geehrter Mr Mikkonen,

hiermit geben wir die von uns letzten Dienstag telefonisch besprochene Bestellung auf. Würden Sie uns bitte bis zum 15. August die folgenden Posten liefern:

1000 Mobiltelefongehäuse (Nr. 4455)
1000 CD-Hüllen (rot) (Nr. 4499)
200 Kopfhörer (Nr. 3998)

Wie telefonisch vereinbart, werden alle Waren an uns mit Kosten, Versicherung und Fracht nach München geliefert. Wir sagen Ihnen zu, Ihre Katalogpreise zu zahlen. Die vollständige Zahlung nehmen wir per Bankscheck vor, wenn die Waren geliefert sind.

In Ihrer letzten Lieferung waren die CD-Hüllen teilweise rot und teilweise blau. Bitte geben Sie in Ihrer Auftragsbestätigung an, dass alle Hüllen dieses Mal rot sein werden.

Mit freundlichen Grüßen
Elke Lombard
Bodo & Lombard GmbH

16 Confirming an order (1)

Hier ist Mr Mikkonens Antwort auf Elke Lombards obige Bestellung. Kurze, zusammengefasste Informationen.

Subject: Your Order of 23 July

Dear Ms Lombard,

This is to confirm your order.

Prices as follows:

1000 units x 4455	€1000
1000 units x 4499	€750
200 units x 3998	€4000

Total Price: €5750 (Five Thousand Seven Hundred and Fifty)

Terms of despatch: CIF Munich
Delivery by: 15 August
Terms of payment: Banker's draft on delivery
Special instructions: CD cases red only

Please note our reference number for this order: 55/33.

We assure you that the goods will be despatched promptly.

Many thanks.

Yours sincerely,
Arttu Mikkonen
Exports Manager

16 Eine Bestellung bestätigen (1)

Betreff: Ihre Bestellung vom 23. Juli

Sehr geehrte Frau Lombard,

hiermit bestätigen wir Ihren Auftrag.

Preise wie folgt:

1000 Stück x 4455	€ 1000
1000 Stück x 4499	€ 750
200 Stück x 3998	€ 4000

Gesamtbetrag: € 5750 (Fünftausendsiebenhundertfünfzig)

Lieferbedingungen: München, mit Kosten, Versicherung und Fracht
Lieferung bis: 15. August
Zahlungsbedingungen: Bankscheck bei Lieferung
Besondere Anweisungen: nur rote CD-Hüllen

Bitte beachten Sie unsere Referenznummer für diese Bestellung: 55/33

Wir versichern Ihnen, dass die Waren unverzüglich verschickt werden.

Vielen Dank.

Mit freundlichen Grüßen
Arttu Mikkonen
Exportmanager

17 Placing an order (2)

Der (britische) Einkäufer, der die folgende E-Mail verschickt, ist ein langjähriger Kunde des (deutschen) Zulieferers. Daher ist diese E-Mail zusammengefasster und kürzer als Elke Lombards Auftragsschreiben (oben).

Subject: New order/Type 15

Dear Herr Feldmann,

Many thanks for Order 66/05.

Please accept this new order for 120 units Type 15 @ $14.50 per unit (catalogue price).

Delivery: 8 weeks. Payment: banker's draft.

Please inform date of despatch & send pro-forma invoice.

Yours sincerely,
Phillip Dutton

17 Eine Bestellung aufgeben (2)

Betreff: Neue Bestellung/Typ 15

Lieber Herr Feldmann,

vielen Dank für Ihre Bestellung 66/05.

Bitte nehmen Sie diese neue Bestellung über 120 Stück des Typs 15 à $ 14,50 pro Stück (Katalogpreis) an.

Lieferzeit: 8 Wochen. Zahlung: per Bankscheck.

Bitte über Versanddatum informieren und Pro-forma-Rechnung schicken.

Mit freundlichen Grüßen
Phillip Dutton

18 Confirming an order (2)

Dies ist Herrn Feldmanns Bestätigung von Phillip Duttons Bestellung (oben). Er schreibt in vollständigen Sätzen, um wichtige Informationen unmissverständlich zu vermitteln.

Subject: Re: New order/Type 15

Dear Mr Dutton,

We are happy to learn that Order 66/05 arrived promptly.

We confirm your latest order (our No. 89/07) for 120 units Type 15 @ $14.50. Total price: $1740. Payment by banker's draft.

We have a large quantity of Type 15 in stock due to a cancellation. So we can despatch your order immediately. Expect delivery within 7 days.

Please see our summer catalogue on our website: http://www.hapaf-ger.de

For your convenience, we will also be sending you a printed version. We would especially draw your attention to the new lightweight Type 16.

Yours sincerely,
H. Feldmann

18 Einen Auftrag bestätigen (2)

Betreff: Neue Bestellung/Typ 15

Lieber Mr Dutton,

wir freuen uns zu hören, dass die Bestellung 66/05 pünktlich angekommen ist.

Wir bestätigen Ihren letzten Auftrag (unsere Nr. 89/07) über 120 Stück des Typs 15 à $ 14,50. Gesamtbetrag: $ 1740. Zahlung per Bankscheck.

Auf Grund einer Stornierung haben wir große Vorräte des Typs 15. Daher können wir Ihre Bestellung sofort verschicken. Sie können die Lieferung innerhalb von 7 Tagen erwarten.

Bitte sehen Sie sich unseren Sommerkatalog auf unserer Website an: http://www.hapaf-ger.de

Zum gefälligen Gebrauch werden wir Ihnen ebenfalls eine Printversion zuschicken. Wir möchten Sie besonders auf den neuen leichten Typ 16 hinweisen.

Mit freundlichen Grüßen
H. Feldmann

19 Making a complaint

Adrian Hurst von einem britischen Beratungsunternehmen bringt per E-Mail eine Beschwerde über Ausrüstungen, die er von Frau Mertigs Firma in Deutschland

erhalten hat, vor. Förmlich. Vollständige Sätze.

Subject: Urgent! Order C556/Missing components

Attn: Frau U. Mertig

Dear Frau Mertig,

We received your consignment today, but it contains only 10 units of Type 446, not 20 units, as we ordered. This has caused considerable disruption for us, as we planned to instal the units at our branch offices right away.

We had similar trouble in June (Your Order No. A210). I spoke to Herr Gerth of your Export Department then. He promised me there would no further problems.

As this is the second time, I am mailing you directly. Would you please look into the matter? And – most important – would you confirm that the missing 10 units will be delivered in the next few days. In the circumstances, we also expect to be compensated for this disruption to our plans.

I look forward to hearing from you.

Yours sincerely,
A. R. Hurst
Head Buyer

19 Eine Beschwerde vorbringen

Betreff: Dringend! Bestellung C556/ Fehlende Teile

z. Hd. Frau U. Mertig

Sehr geehrte Frau Mertig,

wir haben heute Ihre Lieferung erhalten, aber sie enthält nur 10 Einheiten des Typs 446, nicht, wie bestellt, 20. Dies hat bei uns erhebliche Schwierigkeiten verursacht, da wir geplant hatten, die Einheiten in den Büros unserer Niederlassungen sofort einzubauen.

Wir hatten im Juni (Ihre Auftragsnr. A210) bereits ähnlichen Ärger. Ich sprach damals mit Herrn Gerth aus Ihrer Exportabteilung. Er verprach mir, dass es keine weiteren Probleme geben würde.

Da dies nun bereits zum zweiten Mal passiert ist, wende ich mich direkt an Sie. Würden Sie sich bitte um die Angelegenheit kümmern? Und – dies ist das Wichtigste – würden Sie bestätigen, dass die fehlenden 10 Teile innerhalb der nächsten Tage geliefert werden? Unter den gegebenen Umständen erwarten wir ebenfalls eine Entschädigung für die Verzögerung unserer Planungen.

In Erwartung Ihrer Antwort,

mit freundlichen Grüßen
A.R. Hurst
Einkaufsleiter

20 Dealing with a complaint

Hier ist Frau Mertigs Antwortschreiben auf Mr Hursts Beschwerde (oben). Vollständige Sätze und Absätze.

Subject: Urgent! Order C556/Your email

cc: Kunold, Managing Director

Dear Mr Hurst,

I was very concerned to receive your email and have looked into the matter immediately. Unfortunately, we made the serious error of confusing your order with another customer's.

On behalf of the company, I must express our sincere regret, especially as this is the second time you have received the wrong delivery. I confirm that the missing 10 units are being despatched urgently. You will receive them on Thursday.

We are, of course, willing to compensate you for the disruption you have suffered. Herr Kunold, our Managing Director, will be contacting you directly in order to discuss this with you.

In the meantime, our apologies again. I am taking firm steps to prevent such a mistake re-occuring. I trust that we can look forward to receiving further orders from you in the future.

Yours sincerely,
Ursula Mertig
Sales Manager

20 Eine Beschwerde bearbeiten

Betreff: Dringend! Auftrag C556/Ihre E-Mail
cc: Kunold, Geschäftsführer

Sehr geehrter Mr Hurst,

ich habe Ihre besorgniserregende E-Mail erhalten und mich sofort um die Angelegenheit gekümmert. Leider haben wir den schweren Fehler begangen, Ihre Lieferung mit der eines anderen Kunden zu verwechseln.

Im Namen der Firma möchte ich mein aufrichtiges Bedauern zum Ausdruck bringen, insbesondere da dies bereits das zweite Mal ist, dass Sie die falsche Lieferung erhalten haben. Ich bestätige hiermit, dass die 10 fehlenden Teile umgehend verschickt werden. Sie werden sie am Donnerstag erhalten.

Wir sind selbstverständlich bereit, Sie für Ausfälle, die Sie zu beklagen hatten, zu entschädigen. Herr Kunold, unser Geschäftsführer, wird direkt mit Ihnen Kontakt aufnehmen, um die Angelegenheit mit Ihnen zu besprechen.

Bis dahin drücke ich nochmals mein Bedauern aus. Ich werde energische Schritte einleiten, um zu verhindern, dass so etwas noch einmal passiert. Ich hoffe, dass wir auch in Zukunft mit Ihren Aufträgen rechnen können.

Mit freundlichen Grüßen
Ursula Mertig
Verkaufsleiterin

21 Organising a conference

Martin Ritter, dessen deutsche Firma eine Konferenz in Dublin veranstalten möchte, schreibt eine E-Mail an die führenden Hotels der Stadt. Nur Wesentliches, mit Überschriften.

Subject: Conference + Accommodation 23-26 August

Dear Manager,

We are planning a conference in Dublin on the weekend of 23-26 August. If you are able to meet our requirements, we would welcome your best offer.

We shall need the following:

Accommodation
----

13 singles for 2 nights. We would expect a reduction in your room rate for this block booking.

Conference facilities

- a conference room with projector
  and computer for a PPT presentation
- 2 smaller rooms for discussions
- business centre facilities

Map for downloading
----
to guide participants from airport, rail station, main highway junctions.

I look forward to receiving your offer.

Yours faithfully,
Martin Ritter
Secretary, AIEE Association

21 Eine Konferenz organisieren

Betreff: Konferenz + Unterbringung 23.–26. August

An die Geschäftsführung:

Wir planen am Wochenende vom 23.–26. August eine Konferenz in Dublin. Falls Sie unseren Wünschen entsprechen können, würden wir uns über Ihr günstigstes Angebot freuen.

Wir werden Folgendes benötigen:

Unterbringung
----
13 Einzelzimmer für zwei Nächte. Wir hoffen, dass wir für diese Gruppenbuchung einen Preisnachlass erwarten können.

Konferenzausstattung

- einen Konferenzraum mit Beamer und
  Computer für eine PPT-Präsentation
- 2 kleinere Räume für Besprechungen
- Zugang zu einem Business Centre

Anfahrtsskizze zum Herunterladen
----
um den Teilnehmern die Anfahrt vom Flughafen, Bahnhof und den wichtigsten Autobahnabfahrten zu beschreiben.

Ich freue mich auf Ihr Angebot.

Mit freundlichen Grüßen
Martin Ritter,
Sekretariat, AIEE Association

22 Following up a discussion

Nachdem Axel Braun (Stuttgart) Mr Coates (London) einmal in London getroffen hat, schickt er ihm per E-Mail einen Vorschlag. Kurze, zusammengefasste Absätze mit Themenüberschriften.

Subject: We met in London/Website sharing
cc: all head office staff

Dear Mr Coates,

In London, we discussed the possibility of our companies sharing a website. After studying your website and publicity, my colleagues and I are very interested in the idea.

Compatibility: Your products and our services complement each other.
So a shared website would help both companies. Customers visiting the website would find the entire range of our products and services.

Costs: Design, maintenance and operating costs for the combined site could be shared. We could share the workload.

Mailing lists: Would you be interested in sharing mailing lists too?

We think the idea would create a win/win situation for both companies. If you are still interested, I suggest you visit our website, which contains our current catalogue.

Please let me know what you think.

Yours sincerely,
Axel Braun
General Manager
http://www.rrg-stuttgart.de

22 Eine Diskussion fortsetzen

Betreff: Wir haben uns in London kennen gelernt/Gemeinsame Webpräsenz

cc: alle Mitarbeiter der Hauptgeschäftsstelle

Lieber Mr Coates,

in London haben wir über die Möglichkeit geprochen, dass unsere Firmen eine gemeinsame Webpräsenz einrichten. Nachdem wir Ihre Website angesehen haben, sind meine Kollegen und ich an dieser Idee sehr interessiert.

Kompatibilität: Ihre Produkte und unsere Dienstleistungen ergänzen sich. Daher würde eine gemeinsame Webpräsenz beiden Firmen nutzen. Kunden, die die Website besuchen, würden die gesamte Produkt- und Dienstleistungspalette sehen.

Kosten: Entwurf, Wartung und Betriebskosten für die gemeinsame Webpräsenz könnten aufgeteilt werden. Wir könnten den Arbeitsaufwand teilen.

Adressenlisten: Wären Sie auch an gemeinsamen Adressenlisten interessiert?

Bitte teilen Sie mir mit, wie Sie darüber denken.

Mit freundlichen Grüßen
Axel Braun
Geschäftsführer
http://www.rrg-stuttgart.de

23 Preparing a meeting

Ein deutscher Hersteller plant, ein neues Produkt auf den skandinavischen Markt zu bringen, und schreibt eine E-Mail an seinen Marketing-Berater in Kopenhagen. Auf den Punkt gebracht, keine Formalitäten, nummerierte Abschnitte, mit Abkürzungen.

Subject: Meeting 24 November/Agenda

Dear Ms Jensen,

We're looking forward to seeing U here on Friday. We sd discuss the following:

1. Promotion: Costs must remain within the limit we agreed at the last meeting.

2. Transport & logistics: We still haven't sub-contracted a suitable company. Suggestions?

3. Waste disposal: In the attachment, pls find info on the weight & size of the plastic packaging. Could U use this to estimate waste disposal costs? Pls email your estimate to us before the meeting.

Pls report on these points Friday. Do contact me if any questions.

Regards,
Yours sincerely,
Hans-Jürgen Schott

Attachments: plastic_packaging. pdf

23 Ein Treffen vorbereiten

Betreff: Treffen 24. November / Tagesordnung

Liebe Ms Jensen,

wir freuen uns darauf, Sie hier am Freitag zu sehen. Wir sollten Folgendes besprechen:

1. Werbung: Die Kosten müssen innerhalb des beim letzten Treffen vereinbarten Limits bleiben.

2. Transport und Logistik: Wir haben immer noch keine passende Firma unter Vertrag genommen. Irgendwelche Vorschläge?

3. Abfallbeseitigung: In der Anlage finden Sie Informationen zu Gewicht und Größe der Plastikverpackungen. Könnten Sie diese zur Schätzung der Abfallbeseitigungskosten benutzen? Bitte mailen Sie uns Ihre Schätzung vor dem Treffen.

Bitte berichten Sie mir am Freitag Ihre Meinung zu diesen Punkten. Nehmen Sie bitte mit mir Kontakt auf, falls Fragen auftauchen.

Grüße
Hans-Jürgen Schott

Anlagen: Plastikverpackungen.pdf

24 Discussing a franchise

Birgit Rindt (von Rolax in Deutschland) hat mit Luis Carrillo (von Vestidos in Spanien) über ein mögliches Franchise-Abkommen gesprochen. Sie schickt ihm diese E-Mail. Nummerierte Abschnitte, keine Abkürzungen.

cc: all Rolax staff
Subject: Proposed franchise Rolax/Vestidos

Dear Señor Carrillo,

This is to summarize the points we agreed on the phone this morning. Would you please check them?

1) Our two companies to consider a franchise allowing you to use our trading name and system.

2) You would acquire a 2-year franchise licence, renewable if both sides agree.

3) Each company to pay in an amount of capital at the start. Amounts to be agreed.

We would have to agree, too, on the ways you could use the services, advertising and know-how we provide. But these could be settled later.

Please let me know if this summary is accurate before we take any further steps.

With best wishes,
Birgit Rindt
Marketing Director

24 Über ein Franchise-Abkommen sprechen

cc: alle Rolax-Mitarbeiter
Betreff: Vorschlag für Franchise-Abkommen Rolax/Vestidos

Lieber Señor Carrillo,

ich schreibe Ihnen, um die Punkte zusammenzufassen, auf die wir uns heute Morgen telefonisch geeinigt haben. Würden Sie sie bitte prüfen?

1) Unsere beiden Unternehmen erwägen ein Franchise-Abkommen, das es Ihnen ermöglichen würde, unseren Handelsnamen und unser System zu benutzen.

2) Sie würden eine 2-jährige Franchise-Lizenz erhalten, die auf beiderseitigen Wunsch verlängerbar ist.

3) Beide Firmen zahlen zu Beginn einen Betrag ein. Die Höhe des Betrags ist auszuhandeln.

Wir müssten uns ebenfalls einigen, in welcher Weise Sie die von uns bereitgestellten Dienstleistungen, Werbung und das Know-how nutzen könnten. Dies könnten wir jedoch später klären.

Bitte teilen Sie mir mit, ob diese Zusammenfassung korrekt ist, bevor wir weitere Schritte unternehmen.

Mit freundlichen Grüßen
Birgit Rindt
Vertriebsleitung

25 Giving information about payment

Kirsten Ullrich, die in München arbeitet, rief den amerikanischen Zulieferer ihrer Firma wegen einer Zahlungsangelegenheit an. Dies ist die E-Mail, die sie als Antwort erhalten hat. Sehr zusammengefasst mit Abkürzungen, persönlicher Stil.

Subject: Your call/Consignment E4445/07

Dear Frau Ullrich,

Thanks for yr call. The total cost of the consignment will be:
US$ 1940 (One Thousand Nine Hundred and Forty US Dollars)
(= 20 units of MB6 @ US$ 97 per unit).

This is inclusive of 3% discount, as agreed. (Catalog price for MB6: US$ 100 per unit.)

All clear, I hope? Please call/mail me again, if U have more questions.

With best wishes,
Linda Tharp
Accounts Department

25 Informationen zu Zahlungsangelegenheiten geben

Betreff: Ihr Anruf/Lieferung E4445/07

Liebe Frau Ullrich,

vielen Dank für Ihren Anruf. Der Gesamtbetrag für die Lieferung:
US$ 1940 (eintausendneunhundertvierzig US-Dollar)
(= 20 Stück MB6 @ US$ 97 pro Stück)

Das ist inklusive 3% Rabatt, wie vereinbart. (Katalogpreis für MB6: US$ 100 pro Stück.)

Ich hoffe, es ist alles klar soweit. Bitte rufen Sie mich an oder schicken Sie mir eine E-Mail, falls Sie weitere Fragen haben.

Mit freundlichen Grüßen
Linda Tharp
Kundenbuchhaltung

26 Checking the terms agreed

Frau Grimm (Deutschland) und Mr Bien (USA) haben telefonisch ein Geschäft abgeschlossen. Hier ist Frau Grimms E-Mail, in der sie das Telefongespräch wieder aufgreift. Wichtige Zahlenangaben sowohl in Ziffern als auch ausgeschrieben.

Subject: TopPraxis – please check agreement

FAO Mr Bien

Please check these terms we agreed by phone this morning.

You will

open an irrevocable L/C in our favour for € 30,100 (THIRTY THOUSAND ONE HUNDRED EUROS). Credit to expire 30 September this year. To be airmailed to Dresdner Bank, Stuttgart. Charges to be paid by you.

We will

instruct our carrier to deliver 10 (TEN) cases of Type A99 to you at:
2516 Olin Templin Blvd.
Landown
New York 10012
USA.

The goods to be shipped CIF New York.

Please confirm that all these details are accurate.

Sincerely yours,
Elisabeth Grimm
Export Manager, TopPraxis

26 Die vereinbarten Konditionen überprüfen

Betreff: TopPraxis – bitte Vereinbarung überprüfen

z. Hd. Mr Bien

Bitte überprüfen Sie diese Konditionen, auf die wir uns heute Morgen telefonisch geeinigt haben.

Sie werden

ein unwiderrufliches Akkreditiv über € 30.100 (dreißigtausendeinhundert Euro) zu unseren Gunsten aufnehmen. Das Akkreditiv läuft am 30. September dieses Jahres aus. Per Luftpost an Dresdner Bank, Stuttgart zu schicken. Gebühren werden von Ihnen übernommen.

Wir werden

unseren Spediteur anweisen, 10 (zehn) Kisten des Typs A99 an Sie zu liefern, an die Adresse:
2516 Olin Templin Blvd.
Landown
New York 10012
USA

Die Waren werden nach New York mit Kosten, Versicherung und Fracht verschifft.

Bitte bestätigen Sie, dass alle diese Einzelheiten korrekt sind.

Mit freundlichen Grüßen
Elizabeth Grimm
Exportmanagerin, TopPraxis

27 Minutes of a meeting

TopLine, ein europaweites Speditionsunternehmen, modernisiert seine Dienstleistungen. Dieses Protokoll eines Vorstandstreffens wurde an alle Mitglieder per E-Mail geschickt. Förmlich, aber zusammengefasst, mit Betreffzeilen.

cc: all executive committee members
Subject: Exec Committee Minutes 24/7

For your information

Below: the minutes of our 24/7 meeting. Please check for accuracy and inform me before 13/8 of necessary changes/corrections.

Transport & deliveries
Mr Lyle reported that only 12% of deliveries were to a client's central store. Deliveries were increasingly being made to clients' branches (70%+). This resulted in lighter loads, more mileage and a 15% increase in estimated delivery & transport costs.

Storage
Mr Roberts reported that storage capacity was adequate at present. The question of new facilities to be postponed till next year.

EDP-supported delivery system
Randall Technical Consulting Co to be contracted to direct the installation.

Website
At present, the website is still taking too long to download and is not easy to navigate. Herr Scholl and his workgroup to look into this and report at the next meeting.

Frau Werr was unhappy about estimated advertising costs. Herr Scholl's workgroup to look at ways of optimizing online advertising.

Database
The database question to be postponed until Dr Rutter's return from Japan. See attachment.

Labour/Material costs
Mr Gunnard reported that, given the current cost of manpower, labour costs could not realistically be reduced. But his workgroup were investigating ways to cut vehicle maintenance costs by selective sub-contracting.

Regards,
Jane Walter
Secretary to the Committee

Attachments:
Rutter_ 23july.doc
attendance_list_27july.doc

27 Protokoll einer Besprechung

cc: alle Vorstandsmitglieder

Betreff: Protokoll des Vorstandstreffens 24/7

Zu Ihrer Information

Unten: das Protokoll unseres Treffens am 24/7. Bitte auf Korrektheit überprüfen und mich vor dem 13.8. über nötige Änderungen/Korrekturen informieren.

Transport und Lieferungen
Mr Lyle berichtete, dass nur 12% der Lieferungen an die Hauptniederlassung der Kunden gehen. Lieferungen erfolgen zunehmend an die Zweigniederlassungen der Kunden (70%+). Das hatte leichtere Ladungen, größere Wegstrecken und einen 15%-igen Anstieg der geschätzten Liefer- und Transportkosten zur Folge.

Lagerung
Mr Roberts berichtete, dass die Lagerkapazitäten zur Zeit hinreichend seien. Die Frage nach neuen Einrichtungen wird auf das nächste Jahr verschoben.

EDV-gestütztes Liefersystem
Randall Technical Consulting Co wird unter Vertrag genommen und übernimmt die Einrichtung.

Webpräsenz
Zur Zeit dauert es noch immer zu lange, die Website herunterzuladen und die Navigation ist nicht einfach. Herr Scholl und seine Arbeitsgruppe werden sich darum kümmern und bei unserem nächsten Treffen Bericht erstatten.

Frau Werr war mit den geschätzten Werbungskosten nicht zufrieden. Herr Scholls Arbeitsgruppe sucht nach Wegen, die Online-Werbung zu optimieren.

Datenbank
Die Datenbank-Frage wird verschoben, bis Dr. Rutter aus Japan zurück ist. Siehe Anlage.

Mr Gunnard berichtete, dass bei den jetzigen Personalkosten die Arbeitskosten nicht wirklich reduziert werden können. Aber seine Arbeitsgruppe werde neue Möglichkeiten untersuchen, die Fahrzeugwartungskosten durch selektive Vergabe von Unterverträgen zu verringern.

Mit freundlichen Grüßen
Jane Walter
Sekretärin des Ausschusses

Anlagen:
Rutter_23july.doc
attendance_list_27july.doc

28 Giving guidelines

3 Firmen werden an einer Videokonferenz (VC) teilnehmen. Nummerierte Notizen, informeller Stil.

Subject: Videoconference, Hamburg/Amsterdam/Rome 17 July

To all participants,

The VC is scheduled to start at 10.15 CET. Please be at your studio by 09.30 for testing and rehearsal. The attachment provides "how to get here" map & info.

If this is your first VC, a few guidelines ...

1) Dress in light colours, eg light blue, light green, pink. Avoid black, dark blue, red, white. (These prevent viewers giving 100% attention.)

2) Organize your notes in advance. (Confusion is more obvious onscreen than F2F!)

3) Limit the text in graphics to 8 lines. (More will be hard for viewers.)

4) Talk naturally. No side conversations. These distract.

5) Gestures OK, but please avoid extra movements.

Thanks in advance. With your co-operation, we look forward to a successful VC.

Bob Delane
VC Co-ordinator

Attachment: map_and_information.pdf

28 Anweisungen geben

Betreff: Videokonferenz, Hamburg/Amsterdam/Rom 17. Juli

An alle Teilnehmer

Die Videokonferenz ist für 10.15 MEZ angesetzt. Bitte seien Sie bis 09.30 Uhr für Tests und Proben in Ihrem Studio. Die Anlage enthält eine Anfahrtsskizze und weitere Informationen.

Für den Fall, dass dies Ihre erste Videokonferenz ist, folgen einige Anweisungen ...

1) Kleiden Sie sich in hellen Farben, z. B. hellblau, hellgrün oder rosa. Vermeiden Sie schwarze, dunkelblaue, rote und weiße Kleidungsstücke (diese erschweren es den Zuschauern, Ihnen ihre 100%-ige Aufmerksamkeit zu schenken).

2) Organisieren Sie Ihre Notizen im Voraus. (Eine Verzettelung ist auf dem Bildschirm augenscheinlicher als in einem direkten Gepräch!)

3) Begrenzen Sie den Text zu Illustrationen auf 8 Zeilen (mehr überfordert die Zuschauer).

4) Sprechen Sie natürlich. Keine Nebengespräche. Diese lenken ab.

5) Gesten sind in Ordnung, vermeiden Sie aber bitte zusätzliche Bewegungen.

Vielen Dank im Voraus. Im Vertrauen auf Ihre gute Zusammenarbeit freuen wir uns auf eine erfolgreiche Videokonferenz.

Bob Delane
Koordinator Videokonferenzen

Anlagen: map_and_information.pdf

29 Confirming arrangements

Bernd Kossack heißt einen brasilianischen Kunden per E-Mail in Hamburg willkommen. Lockerer Umgangston mit Kurzformen.

Subject: Hamburg visit/15 April

Dear Senhor da Costa,

This is to confirm the arrangements for your visit.

I'll pick you up at the airport and take you to the conference centre. I suggest we have lunch there.

You wanted to see our production unit. I'll show you around before the talks and you'll be able to meet the rest of our management team. We'll begin discussions at 2.30pm, as agreed.

Looking forward to seeing you.

Yours sincerely,
Bernd Kossack
General Manager
http://www.pbw-hh.de

29 Besuchsablauf bestätigen

Betreff: Hamburgbesuch/15 April

Lieber Senhor da Costa,

hiermit bestätige ich den Ablaufplan Ihres Besuchs.

Ich werde Sie am Flughafen abholen und zum Konferenzzentrum bringen. Ich schlage vor, wir essen dort zu Mittag.

Sie wollten unsere Produktionsstätte sehen. Ich werde Sie vor den Gesprächen herumführen und Sie werden dabei den Rest unseres Management-Teams kennen lernen. Wie vereinbart, fangen wir um 14.30 Uhr mit den Besprechungen an.

Ich freue mich darauf, Sie kennen zu lernen.

Viele Grüße
Bernd Kossack
Geschäftsführer
http://www.pbw-hh.de

30 Asking for more information

Nachdem er die obige E-Mail erhalten hat, antwortet Senhor da Costa mit dieser Anfrage. Nicht förmlich, mit Kurzformen.

Subject: Re: Hamburg visit/15 April

Dear Herr Kossack,

Thanks for your efforts.

Would you please mail me the names of your management team? They don't appear on your company website.

I'm looking forward to meeting you all.

With best wishes,
R. da Costa

30 Um weitere Informationen bitten

Betreff: AW: Hamburgbesuch/15. April

Lieber Herr Kossack,

vielen Dank für Ihre Bemühungen.

Würden Sie mir bitte die Namen der Mitarbeiter Ihres Management-Teams zuschicken? Sie erscheinen nicht auf der Website Ihrer Firma.

Ich freue mich darauf, Sie alle kennen zu lernen.

Mit freundlichen Grüßen
R. da Costa

31 Publicizing a new company

Eine deutsche Firma hat eine Niederlassung in Großbritannien eingerichtet. Die E-Mail wurde zu Werbezwecken an Lokalblätter geschickt. Ganze Absätze und vollständige Sätze.

cc: Burley Free Press, Eastern Advertiser, The Weekly Valley, Thurlow News
Subject: Report on OKPack, new local company

Dear Editor,

As a new company in your area, we begin production on 1 July. We feel sure that your readers will be interested in this development. Please feel free to publicize all or part of the attached information and pictures about us.

For more detailed information, please visit our website
http://www.okpack.com

If you would like to do an interview and/or photo-session, I would be very happy to hear from you. In the meantime, I am sending, in the attachments, a short text on our company, plus photos and illustrations which I hope you will use in your report.

Yours faithfully,
Simone Franck
Director: Sales & Publicity
http://www.okpack.com

Attachments:
OKPack_press_note.doc
OKPack_Photos_1.jpg
OKPack_Photos_2.jpg
OKPack_Photos_3.jpg

31 Für eine neue Firma werben

cc: Burley Free Press, Eastern Advertiser, The Weekly Valley, Thurlow News

Betreff: Bericht über OKPack, eine neue Firma vor Ort

Sehr geehrter Herausgeber,

wir sind eine neue Firma in Ihrem Gebiet und beginnen am 1. Juli mit der Produktion. Wir sind zuversichtlich, dass Ihre Leser an dieser Entwicklung interessiert sind. Sie dürfen gern den Text und die Photos in der Anlage in vollständiger Form oder teilweise veröffentlichen.

Einzelheiten finden Sie auf unserer Website.
http://www.okpack.com

Falls Sie ein Interview und/oder einen Phototermin vereinbaren möchten, würde ich mich sehr freuen, von Ihnen zu hören. In der Zwischenzeit schicke ich Ihnen in den Anlagen einen kurzen Text über unsere Firma sowie Fotos und Illustrationen, die Sie hoffentlich in Ihrem Bericht verwenden können.

Mit freundlichen Grüßen
Simone Franck
Leiterin Werbung und Verkauf
http://www.okpack.com

Anlagen:
OKPack_press_note.doc
OKPack_Photos_1.jpg
OKPack_Photos_2.jpg
OKPack_Photos_3.jpg

32 Enquiring about a discount

Hilke Schwalm aus Hamburg schickt eine Anfrage per E-Mail an einen holländischen Büroartikellieferanten. Auf den Punkt gebracht, keine Formalitäten.

Subject: Discount on large order?

We'll need a range of stationery to equip 3 new offices. Your range includes most of the goods required. But your website does not mention discounts.

We expect to order goods of a value of €1700–€2000. Please inform us what discount we could expect.

Thankyou.

Hilke Schwalm
Business Manager
http://www.hh-parccom.de

32 Sich nach einem Rabatt erkundigen

Betreff: Rabatt auf Großbestellung?

Wir brauchen eine Reihe von Schreibwaren, um 3 neue Büros auszustatten. Ihre Produktpalette enthält einen Großteil der Waren, die wir benötigen. Ihre Website erwähnt jedoch keinen Rabatt.

Wir werden wahrscheinlich Waren im Wert von € 1700–€ 2000 bestellen. Bitte informieren Sie uns, welchen Rabatt wir erwarten können.

Vielen Dank.

Hilke Schwalm
Geschäftsführerin
http://www.hh-parccom.de

33–36 Clarifying a payment issue

Irina erhält eine Anfrage von Gerald zu einem misslungenen Versuch, Geld von ihrem Kreditkartenkonto abzubuchen. Keine Formalitäten, sehr kurz gehalten.

Subject: EU0034

Dear Irina,

My secretary told me that it was not possible to charge your credit card of 1800 euros for your order no. EU0034, because there is no money on your account.

Best,
Gerald

Subject: Re: EU0034

Dear Gerald,

I'll look into the matter and get back to you.

Best wishes,
Irina

Subject: Re: Re:EU0034

Dear Gerald,

I have just called VISA. I was told the payment was rejected because the wrong CVV code was entered.

They confirmed there's enough credit on my account.

The CCV code (the three figures specified on the back of the credit card) of my VISA card is:

123

(The credit card number had been entered correctly).

Best wishes,
Irina

Subject: Re: Re: Re: EU0034

Dear Irina,

This has worked now. :-)

Thank you,
Gerald

33–36 Eine Zahlungsangelegenheit klären

Betreff: EU0034

Liebe Irina,

meine Sekretärin hat mir gesagt, dass es nicht möglich war, 1800 Euro für deinen Auftrag Nr. EU0034 von deiner Kreditkarte abzubuchen, da kein Geld auf deinem Konto ist.

Grüße
Gerald

Betreff: AW: EU0034

Lieber Gerald,

ich kümmere mich um die Angelegenheit und melde mich wieder.

Grüße
Irina

Betreff: AW: AW: EU0034

Lieber Gerald,

ich habe gerade mit VISA telefoniert. Man sagte mir, dass die Zahlung verweigert wurde, weil der falsche CVV-Code eingegeben wurde.

Sie bestätigten, dass genug Geld auf meinem Konto ist.

Der CVV-Code (die drei Ziffern, die auf der Rückseite der Kreditkarte angegeben sind) meiner VISA-Karte ist:

123

(Die Kreditkartennummer wurde richtig eingegeben).

Viele Grüße
Irina

Betreff: AW: AW: AW: EU0034

Liebe Irina,

Jetzt hat es geklappt. :-)

Danke.
Gerald

37–40 Enquiring about a deadline

Ulrike schreibt eine E-Mail an ihren langjährigen Geschäftsfreund Peter, in der sie ihn bittet, die auf einer Website widersprüchlichen Angaben zu klären. Keine Formalitäten, aber vollständige Sätze.

Subject: Your online order form

Dear Peter,

I noticed that, on your online order form, you specify the deadline for the special spring offer as 12 May in the middle of the page and as 26 May in the bottom left-hand corner.

Could you please let me know which deadline I should meet? Many thanks.

Best wishes,
Ulrike

Subject: Re: Your online order form

Dear Ulrike,

Thank you very much for bringing this oversight to my attention. I am very grateful to you for this. I have instructed our Webmaster Mike Chandler in California to correct order form. The correct deadline date is May 26th.

Thankyou,
Peter

Subject: Online order form

Dear Mike,

In the middle of our online order form, the deadline for our special spring offer is correctly mentioned as May 26th. However, in the box at the bottom left-hand corner, it is erroneously mentioned as May 12th. Would you be so kind as to correct this discrepancy, please. In both locations, the correct deadline should be May 26th.

Thank you for your help.

Have a nice weekend.

Regards,
Peter

Subject: Re: Online order form

Hello Peter,

I have made the change to the order form that you brought to my attention. I have noticed that it was necessary refresh my browser to see the changes which were incorporated into the document. If there is anything else, please don't hesitate to contact me.

Regards,
Mike

37–40 Sich nach einem Termin erkundigen

Betreff: Dein Online-Bestellformular

Lieber Peter,

ich habe bemerkt, dass ihr auf eurem Online-Bestellformular den letzten Termin für das Frühjahrs-Sonderangebot in der Mitte der Seite mit 12. Mai angegeben habt und in der linken unteren Ecke mit 26. Mai.

Kannst du mir bitte mitteilen, welchen Termin ich einhalten sollte? Vielen Dank.

Viele Grüße
Ulrike

Betreff: AW: Dein Online-Bestellformular

Liebe Ulrike,

vielen Dank, dass du mich auf dieses Versehen aufmerksam gemacht hast. Ich bin dir sehr dankbar dafür. Ich habe unseren Webmaster Mike Chandler in Kalifornien angewiesen, das Bestellformular zu korrigieren. Der richtige Termin ist der 26. Mai.

Danke dir.
Peter

Betreff: Online-Bestellformular

Lieber Mike,

in der Mitte unseres Online-Bestellformulars ist der letzte Termin für unser Frühjahrssonderangebot richtig als 26. Mai genannt. In dem Kästchen in der linken unteren Ecke ist der Termin fälschlicherweise als 12. Mai angegeben. Wärst du bitte so nett, diese Diskrepanz zu korrigieren? An beiden Stellen sollte der 26. Mai als korrekter Termin stehen.

Vielen Dank für deine Mühe.

Ich wünsche dir ein schönes Wochenende.

Grüße
Peter

Betreff: AW: Online-Bestellformular

Hallo Peter,

ich habe die Änderung im Bestellformular, auf das du mich aufmerksam gemacht hast, vorgenommen. Ich habe bemerkt, dass es notwendig war, meinen Browser zu aktualisieren, um die Änderungen sehen zu können, die in dem Dokument gemacht wurden. Falls noch andere Fragen auftauchen, wende dich bitte an mich.

Grüße
Mike

41 Informing about a program update

Die Teilnehmer eines Weiterbildungskurses werden per E-Mail darauf aufmerksam gemacht, dass nun die endgültige Version des Programms auf der angegebenen Website abrufbar ist.

Subject: IT Training Course

Dear Participants,

We are happy to announce that the final program for the IT Training Course in Brighton (March 10–12) is now available on the workshop website:

http://www.ittraining.com/final_program

We look forward to meeting you in Brighton.

Sincerely,

Olga Ballanow
Secretary
Workshops and Training Courses
IT Training plc

41 Über eine Programm-Aktualisierung informieren

Betreff: IT Training Kurs

Liebe Teilnehmer,

wir freuen uns, Ihnen mitteilen zu können, dass die endgültige Version unseres Programms für den IT-Kurs in Brighton (10.–12. März) jetzt auf der Website unseres Workshops abrufbar ist:

http://www.ittraining.com/final_program

Wir freuen uns darauf, Sie in Brighton kennen zu lernen.

Mit freundlichen Grüßen
Olga Ballanow
Sekretariat
Workshops und Training-Kurse
IT Training plc

42–44 Asking for instructions

Eine Bestellung ist bearbeitet und bereit für den Versand. Der (deutsche) Exporteur und der (portugiesische) Käufer stehen seit Jahren geschäftlich in Verbindung. Daher sind diese 3 E-Mails kurz, informativ und auf den Punkt gebracht. Informeller Stil.

Subject: Order No. 700-6

Dear Senhor Cabral,

Many thanks for order (200 desklamps Type 13B) & payment received.

The goods are ready for despatch. The next available sailing will be with MS Justine on Tuesday. Delivery 2 November. Will you be ready to take delivery on that date?

Please reply asap so we can arrange loading in time. Thankyou.

With best wishes,
Hartmut Bender

Subject: Re: Order No. 700-6

Herr Bender,

Yes, please send the goods on Tuesday. We can take delivery 2 November.

Yours with thanks,
Luis Cabral

Subject: Re: Re: Order No. 700-6

Dear Senhor Cabral,

For your information: your order was despatched today. Delivery 2 November.

Please mail or phone me directly (0561/63224) to make further orders.

With best wishes,
Hartmut Bender

42–44 Um Anweisungen bitten

Betreff: Bestellung Nr. 700-6

Lieber Senhor Cabral,

vielen Dank für Ihre Bestellung (200 Tischlampen Typ 13B) und die erhaltene Zahlung.

Die Waren sind bereit für den Versand. Die nächstmögliche Verschiffung wäre mit der MS Justine am Dienstag. Lieferung am 2. November. Können Sie die Lieferung an diesem Termin entgegennehmen?

Bitte antworten Sie so bald wie möglich, sodass wir eine Zeit für die Verladung vereinbaren können. Danke.

Mit freundlichen Grüßen
Hartmut Bender

Betreff: AW: Bestellung Nr. 700-6

Herr Bender,

ja, bitte schicken Sie uns die Waren am Dienstag. Wir können die Lieferung am 2. November entgegennehmen.

Danke und viele Grüße
Luis Cabral

Betreff: AW: Bestellung Nr. 700-6

Lieber Senhor Cabral,

zu Ihrer Information: Ihre Bestellung wurde heute abgeschickt. Lieferung am 2. November.

Für weitere Bestellungen schicken Sie mir bitte eine E-Mail oder rufen Sie mich direkt an (0561/63224).

Mit freundlichen Grüßen
Hartmut Bender

In-company emails

45 An urgent message

Ein Mitarbeiter schreibt eine kurze E-Mail an 2 Kollegen, um sie kurzfristig über einen Termin zu informieren. Mit Abkürzungen. Betonungen durch Versalien und Ausrufungszeichen.

To: obraun@sst.com,
cedmonds@sst.com
Memo
Subject: Urgent! Meet 10am tomorrow!

>>>>>> ! ! ! ATTENTION ! ! ! <<<<<<

Olaf, Carl,

Ms Susan Johns (Institute of Safety Standards) called, wants to discuss the RELAY model with U both asap. I invited her to meet U at 10AM TOMORROW, CARL'S ROOM!

Hope that's OK with U.

Pls contact me to confirm ! ! !
Brad

45 Eine dringende Mitteilung

To: obraun@sst.com, cedmonds@sst.com
Mitteilung
Betreff: Dringend! Treffen morgen 10:00 Uhr!

>>>>>>>> ! ! ! ACHTUNG ! ! ! <<<<<<<<

Olaf, Carl,

Ms Susan Johns (Institute for Safety Standards) hat angerufen. Sie möchte das RELAY-Modell so bald wie möglich mit euch besprechen. Ich habe sie für MORGEN 10.00 UHR IN CARLS BÜRO eingeladen.

Ich hoffe, das ist OK für euch.

Bitte schickt mir eine Bestätigung ! ! !
Brad

46 Informational memo

BakerVisual, eine britische Firma, wird zu einem Präsentations-Tag in ihrer Dortmunder Niederlassung potenzielle Kunden bewirten. Der Organisator schickt diese E-Mail an seine Kollegen. In Notizform, mit Abkürzungen, keine vollständigen Sätze.

To: lyle@bv.com, mueller@bv.com, harbig@bv.com, brandon@bv.com, baker@bv.com
Subject: Presentation Day 19 June/ Update

FYI: Revised timetable.

09.00 Baker, Harbig, Müller, Brandon, Lindt meet, Room 22.

Conference Room:
09.30-10.00 Welcome + Info (Baker/ Lindt)
10.00-10.30 Presentation: BakerVisual product range (Müller)
10.30-10.50 tea/coffee break
10.50-12.30 Plenary discussion (contracts) (Baker)
12.30-14.00 lunch (Deutscher Hof)
14.00- Open-ended discussions with individual clients (Baker/Lindt/Müller/ Brandon)

Reception Desk: Harbig/Brandon
Final timetable: 12 June.

BTW, 22 participants so far.

Regards,
Lars Lindt
Sales & Exports

46 Info-Notiz

Empfänger: lyle@bv.com, mueller@bv.com, harbig@bv.com, brandon@bv.com, baker@bv.com
Betreff: Präsentations-Tag 19. Juni / Aktualisierung

Zu Ihrer Information: aktualisierter Zeitplan.

09.00 Treffen Baker, Harbig, Müller, Brandon, Lindt, Raum 22.

Konferenzraum:
09.30-10.00 Begrüßung und Information (Baker/Lindt)
10.00-10.30 Präsentation: BakerVisual Produktpalette (Müller)
10.30-10.50 Tee-/Kaffeepause
10.50-12.30 Plenarsitzung (Verträge) (Baker)
12.30-14.00 Mittagessen (Deutscher Hof).
14.00- Besprechungen mit einzelnen Kunden, zeitlich nicht begrenzt (Baker/ Lindt/Müller/Brandon)

Rezeption: Harbig/Brandon
Endgültiger Zeitplan: 12 Juni

Übrigens, 22 Teilnehmer bis jetzt.

Viele Grüße
Lars Lindt
Verkauf & Export

47 Instructional memo (1)

Aldo Sagnini stellt Kunstdrucke in Italien her. Er gibt Günter Meyer, seinem deutschen Vertreter, Anweisungen zu Verhandlungen in Dortmund wegen eines Ankaufs. Betonung durch Großbuchstaben und Ausrufungszeichen. Abkürzungen.

Subject: Talks with Binder & Koch, Dortmund

Herr Meyer,

U meet Binder & Koch tomorrow.

Their 'Arto' picture frames wld blend well with our 'Nostalgia' prints. We want 50. But ...

- DON'T accept their catalogue price. Aim for a 5% BULK ORDER DISCOUNT. Accept 3% if necessary. If U have to raise the order to get this, then 70, not more.
- Use our good reputation to SPREAD payments as far as poss. 30% in advance & monthly payments of 10% wld be OK.
- Their catalogue states a lead time of 6–8 weeks. We don't want to wait more than 4 WEEKS. Press them on this.
- Tell them we might place more orders in the future – but no PROMISES.

>>!!** CALL ME BEFORE MAKING ANY AGREEMENTS! **!!<<

Aldo Sagnini

47 Anweisung (1)

Betreff: Gespräche mit Binder & Koch, Dortmund

Herr Meyer,

Sie treffen morgen Binder & Koch.

Ihre „Arto"-Bilderrahmen würden gut zu unseren „Nostalgia"-Drucken passen. Wir wollen 50. Aber ...

- Akzeptieren Sie NICHT ihren Katalogpreis. Peilen Sie einen 5%-IGEN RABATT FÜR GROSSBESTELLUNGEN an. Akzeptieren Sie, wenn nötig, 3%. Wenn Sie die Bestellung vergrößern müssen, um diesen Rabatt zu bekommen, dann gehen Sie auf 70 hoch, nicht mehr.
- Nutzen Sie unseren guten Ruf, um LANGFRISTIGE RATENZAHLUNGEN zu verhandeln, je länger, desto besser. 30% im Voraus und monatliche Zahlungen
von 10% wären OK.
- Ihr Katalog nennt eine Lieferfrist von 6–8 Wochen. Wir wollen nicht mehr als 4 WOCHEN warten. Drängen Sie sie darauf.
- Sagen Sie ihnen, dass wir zukünftig weitere Bestellungen aufgeben werden – aber keine Versprechen.

>>!!** RUFEN SIE MICH AN, BEVOR SIE IRGENDETWAS VEREINBAREN! **!!<<

Aldo Sagnini

48 Instructional memo (2)

BakerVisual müssen einige Möbelstücke von einer ihrer Niederlassungen zu einer anderen verlagern. Dies ist eine kurze Anweisung aus dem Hauptsitz der Firma.

Memo

FROM: Lyle (Head Office)
TO: Frau Müller
Subject: Transport Dortmund – Rotterdam

2 steel cabinets with files 2B transported Dortmund base to Rotterdam base. Total weight: approx. 400 kg.

Pls get estimates of transport costs & insurance for sending
- both
- sending 1 now, 1 August.

48 Anweisung (2)

Mitteilung

Absender: Lyle (Hauptsitz)
Empfänger: Frau Müller
Betreff: Transport Dortmund – Rotterdam

2 Stahlschränke mit Akten, von der Dortmunder Niederlassung nach Rotterdam zu transportieren. Gesamtgewicht: ca. 400 kg.

Bitte Kostenvoranschläge für Transportkosten und Versicherung einholen
- für beide (Schränke) zusammen
- jetzt 1 transportieren, den anderen im August

49–56 A series of memos

Hutton Brothers (Großbritannien) stehen kurz davor, ihre StyleMix-Markenhandschuhe und -schals in Deutschland auf den Markt zu bringen. Hier ist eine Reihe von Mitteilungen, die per E-Mail innerhalb der Firma verschickt wurden – alle nicht förmlich, auf den Punkt gebracht, mit Abkürzungen.

Subject: StyleMix Germany launch
From: Hutton, Management
To: Brede, Sales & Finance (Germany)
Copy to: Sheer, Planning & Control

We cld launch StyleMix in Germany early Sept. Pls send me yr sales forecast.

From: Brede, Sales & Finance (Germany)
To: Hutton, Management
Copy to: Sheer, Planning & Control

See our forecast http://www.bsfd.de. StyleMix cld do well here, esp among the 12-25s.

From: Hutton, Management
To: Leyshon, Advertising & Publicity
Copy to: Sheer, Planning & Control

Sales forecast promising. We'll go ahead, commencing 1 Sept. Pls report yr publicity plans.

From: Leyshon, Advertising & Publicity
To: Hutton, Management
Copy to: Sheer, Planning & Control

Info-leaflets & order forms ready for printing & distribution. German website info on StyleMix also ready.

But we still need final advertising budget for StyleMix in Germany.

From: Hutton, Management
To: Sheer, Planning & Control

Why don't A&P have this info? What's the problem?

From: Sheer, Planning & Control
To: Hutton, Management

No problem. Advertising budget for StyleMix was agreed at April Board meeting. Question is: how much sld be kept in reserve for Xmas publicity?

From: Hutton, Management
To: Sheer, Planning & Control

We can't afford delays now – we launch on 1 Sept.

Contact Brede, clear the Xmas publicity question & give me yr recommendation tomorrow, 10am latest.

From: Sheer, Planning & Control
To: Hutton, Management

Will do.

49–56 Eine Reihe von Mitteilungen

Absender: Hutton, Management
Empfänger: Brede, Sales & Finance (Germany)
Kopie-Empfänger: Sheer, Planning & Control

Wir könnten StyleMix in Deutschland Anfang September auf den Markt bringen. Bitte schickt mir eure Absatzprognose.

Absender: Brede, Sales & Finance (Germany)
Empfänger: Hutton, Management
Kopie-Empfänger: Sheer, Planning & Control

Hier finden Sie unsere Prognose: http://www.bsfd.de StyleMix könnte sich hier gut verkaufen, besonders für die Altersgruppe zwischen 12 und 25.

Absender: Hutton, Management
Empfänger: Leyshon, Advertising & Publicity
Kopie-Empfänger: Sheer, Planning & Control

Die Absatzprognose ist vielversprechend. Wir werden es durchziehen und am 1. September beginnen. Bitte berichtet mir über eure Werbestrategie.

Absender: Leyshon, Advertising & Publicity
Empfänger: Hutton, Management
Kopie-Empfänger: Sheer, Planning & Control

Informationsblätter und Bestellformulare fertig für Druck und Vertrieb. Die deutschen Website-Informationen zu StyleMix sind auch fertig.

Aber wir brauchen immer noch ein endgültiges Werbebudget für StyleMix in Deutschland.

Absender: Hutton, Management
Empfänger: Sheer, Planning & Control

Warum hat die Werbeabteilung diese Informationen nicht? Wo liegt das Problem?

Absender: Sheer, Planning & Control
Empfänger: Hutton, Management

Kein Problem. Das Werbebudget für StyleMix wurde beim Vorstandstreffen im April festgelegt. Die Frage ist: Wie viel sollte für die Werbung im Weihnachtsgeschäft zurückgelegt werden?

Absender: Hutton, Management
Empfänger: Sheer, Planning & Control

Wir können uns jetzt keine Verzögerungen leisten – wir bringen sie am 1. September auf den Markt.

Nehmen Sie Kontakt mit Brede auf, klären Sie die Frage zur Weihnachtswerbung und geben Sie mir Ihre Empfehlung morgen, spätestens um 10.00 Uhr.

Absender: Sheer, Planning & Control
Empfänger: Hutton, Management

Wird gemacht.

57 Replying to several points

Eine in Mailand niedergelassene Firma hat eine E-Mail von ihrer Stuttgarter Filiale erhalten. Signora Vecchi, die Geschäftsführerin, antwortet, indem Sie die E-Mail mit in den Text eingesetzten Kommentaren und Antworten zurückschickt.

Subject: Re: Urgent! Stuttgart orders

> Dear Signora Vecchi,

> We received 2 orders today, as
> follows:
> Ledermann & Co: 10 dozen H5.
> Delivery 5 April latest.
> Schubert & Gille: 5 dozen H5.
> Delivery 30 April latest.

> We have only 8 dozen H5 in stock –
> no new supplies expected till late
> May. What to do? Pls instruct
> immediately.

No problem. I've called manufacturer – they'll supply sufficient H5s on time. Accept both orders. SV)

> Ozean of Bremen also called. They
> want 6 dozen H6, 6 weeks to pay.

> But payment on their last order was
> 4 weeks late, after two reminders.
> Clearly a cashflow problem there.
> What sld we say?

Suggest 25% advance payment, 75% within 6 wks. Keep me informed. SV

> U wanted to visit Stuttgart early
> May. Cd we co-ordinate dates, pls?
> Am in Amsterdam 5 – 8 May, Hamburg > 12 – 13 May.

OK. Will spk to Corsa about this. Call U Thursday. SV

> Regards,
> Daniel Petersen

57 Auf mehrere Fragen antworten

> Liebe Signora Vecchi,

> wir haben heute 2 Bestellungen wie
> folgt erhalten:
> Ledermann & Co: 10 Dutzend H5.
> Lieferung bis 5. April.
> Schubert & Gille: 5 Dutzend H5.
> Lieferung bis 30 April.

> Wir haben nur 8 Dutzend H5 vorrätig –
> keine neuen Lieferungen bis Ende Mai
> erwartet. Was sollen wir tun? Bitte
> sofort Anweisungen geben.

Kein Problem. Ich habe mit dem Hersteller telefoniert – er wird rechtzeitig genügend H5 liefern. Nehmen Sie beide Bestellungen an. SV

> Ozean aus Bremen hat auch angerufen.
> Sie wollen 6 Dutzend H6, mit 6 Wochen
> Zahlungsziel. Aber die Zahlung der
> letzten Bestellung kam mit 4 Wochen
> Verspätung, nach zwei Mahnungen.
Da > gibt es offensichtlich ein Cashflow-
> Problem. Was sollen wir sagen?

Schlagen Sie 25% Vorauszahlung und 75% innerhalb von 6 Wochen vor. Halten Sie mich auf dem Laufenden. SV

> Sie wollten Anfang Mai nach Stuttgart
> kommen. Könnten wir bitte unsere
> Termine koordinieren? Ich bin vom
> 5.–8. Mai in Amsterdam und vom
> 12.–13. Mai in Hamburg.

OK. Ich werde mit Corsa darüber reden. Ich rufe Sie am Donnerstag an. SV

> Viele Grüße
> Daniel Petersen

58 Brainstorming

Kevin (Großbritannien) und Olivia (Deutschland) gründen gemeinam ein englisch-deutsches Unternehmen. Kevin schick Olivia per E-Mail einige Vorschläge. Informeller Stil mit Abkürzungen.

Subject: Kevin/promotion ideas

Olivia,

IDEAS !!! ...
4 getting our website noticed:

LINKS
Search 4 sites like ours (with a related theme or a complementary service). Build a list, visit & email each one to ask if they're interested in exchanging text or banner links with us.

BANNER EXCHANGE PROGRAMS
IOW: co-operative programs where members advertise each others' sites, products, services. No payment involved.

OFFLINE PROMOTION
Put our web address on everything we use. IMHO, we sld start with the signature line on our emails.

Food 4 thought! PCM & tell me yr reactions.

ATB
Kevin
http://www.coggl-mand.co.uk

58 Brainstorming

Betreff: Kevin/Werbeideen

Olivia,

HIER EIN PAAR IDEEN, ...
damit man auf unsere Website aufmerksam wird.

VERWEISE (LINKS)
Suche nach Websites wie unsere (mit einem verwandten Thema oder einer ergänzenden Dienstleistung). Stelle eine Liste zusammen, besuche die Seiten und schicke allen eine E-Mail mit der Frage, ob sie daran interessiert sind, Verweise per Text oder Banner mit uns auszutauschen.

BANNER-AUSTAUSCHPROGRAMME
In anderen Worten: Kooperative Programme, in denen Mitglieder gegenseitig für ihre Webpräsenzen, Produkte und Dienstleistungen werben. Beinhaltet keine Zahlungen.

OFFLINE-WERBUNG
Setze unsere Webadresse auf alles, was wir benutzen. Meiner Meinung nach sollten wir mit den Absenderangaben in unseren E-Mails anfangen.

Denk drüber nach! Ruf mich an uns sag mir, was du davon hältst.

Alles Gute
Kevin
http://www.coggl-mand.co.uk

59 Invitation to a working lunch

Peter ist ein Deutscher, der für eine britische Firma arbeitet. Die Firma erwartet einen französischen Besucher. Peter verschickt diese informelle, mit Abkürzungen versehene E-Mail an zwei seiner Kollegen.

Memo

To: Mary.Carter@dl.co.uk, Alan.Sykes@dl.co.uk
From: Peter Burckhardt
Subject: Urgent: Lissot/19 June

Mary, Alan,

Mme Lissot visits 19 June, for contract discussions. She cld well become our French distributor. It wld be ideal if she cld meet U. Pls join us for lunch that day.

At: The Cavalier Restaurant, Radnor Road, at 1 p.m.

Pls confirm U'll come.

Peter

59 Einladung zu einem Geschäftsessen

Mitteilung

Empfänger: Mary.Carter@dl.co.uk, Alan_Sykes@dl.co.uk
Absender: Peter Burckhardt
Betreff: Dringend: Lissot/19. Juni

Mary, Alan,

Mme Lissot besucht uns am 19. Juni, um Verträge zu besprechen. Die Chancen stehen gut, dass sie unser französischer Vertreiber wird. Es wäre ideal, wenn sie euch treffen könnte. Bitte kommt mit uns zum gemeinsamen Mittagessen an diesem Tag im

The Cavalier Restaurant, Radnor Road, um 13.00 Uhr.

Bitte bestätigt mir, dass ihr kommt.

Peter

60 Accepting the invitation

Mary Carter antwortet auf Peters E-Mail (oben) – eine weitere informelle, zusammengefasste Mitteilung.

Memo

To: Peter Burckhardt
From: Mary Carter
Subject: Re: Urgent: Lissot/19 June

Peter,

Tks 4 the invitation. Yes, Alan & I will be there. Looking forward to meeting Mme Lissot.

BTW, how's her English? Do U need Jean Watkins (Head Office) in the discussions? She's fluent in French, cld be useful if technical problems arise.

Mary

60 Die Einladung annehmen

Mitteilung

Empfänger: Peter Burckhardt
Absender: Mary Carter
Betreff: AW: Dringend: Lissot/19. Juni

Peter,

danke für die Einladung. Ja, Alan und ich werden kommen. Wir freuen uns darauf, Mme Lissot kennen zu lernen.

Übrigens, wie gut ist ihr Englisch? Braucht ihr vielleicht Jean Watkins (Hauptgeschäftsstelle) bei den Besprechungen? Sie spricht fließend Französisch, das könnte hilfreich sein, falls technische Probleme auftauchen.

Mary

Teil 3 – Business SMS

Tipps

Zielgerichtet schreiben

- Überlegen Sie,
  - an wen Ihre Nachricht gerichtet ist,
  - welchen Zweck sie erfüllen soll,
  - welche Art von Antwort Sie vom Empfänger erwarten.

Genauigkeit und Kürze

- Mit maximal 160 Zeichen sind SMS (= **S**hort **M**essage **S**ervice) für kurze, schnelle Mitteilungen, Anfragen und Antworten ausgelegt. Daher sollte Ihre Mitteilung präzise sein. (Denken Sie daran: Sie müssen nicht die 160 Zeichen ausschöpfen, die Ihnen zur Verfügung stehen.)
- Vermeiden Sie es, komplizierte Verweise (links) auf eine Website einzutippen: www.hugg.co.uk ist besser als www.hugg.co.uk/av23/text/respond!
- Falls Ihr Editor es ermöglicht, stellen Sie vorformulierte SMS-Texte (templates) zusammen, so dass Ihnen präzise, fertige Mitteilungen zur Verfügung stehen, die Sie oft verschicken können.

Möglichkeiten, Texte zu verkürzen
Wörter abkürzen

- Vokale streichen: text = txt, would = wld
- Wörter durch Symbole und Ziffern ersetzen, z. B.: at = @, for = 4
- Wörter durch Buchstabenlaute ersetzen, z. B.: you = U, people = ppl
- Kurzformen benutzen, z. B.: we're statt we are, it's statt it is.
- Übertreiben Sie es aber nicht mit den Abkürzungen, benutzen Sie nur klar verständliche und allgemein gebräuchliche. (Siehe Anhang: Häufig gebrauchte Abkürzungen.) Als Faustregel gilt, wenn Sie sich nicht sicher sind, wie gut die Englischkenntnisse des Empfängers sind: Schreiben Sie vollständige Wörter. Viele Handys haben inzwischen Worterkennungsprogramme, z. T. sogar in mehreren Sprachen. D. h. wenn man die ersten Buchstaben eines Wortes eingibt, ergänzt das Programm das Wort in der jeweiligen Sprache automatisch. In diesem Fall kann man natürlich auf Abkürzungen verzichten.

Wörter auslassen

- Lesen Sie diese Nachricht:
  I am certain that your invoice should read $1560 not $1960. It is probable there has been a miscalculation. Would you please check this as soon as possible, and send us a correction?
- Hier nun eine SMS-Version dieser Nachricht:
  Certain yr invoice sld read $1560 not $1960. Probable miscalculation. Pls check asap, send correction.
- Der Verfasser der SMS benutzte Abkürzungen (yr, sld, pls, asap) und ließ Wörter aus: I am ... that ... It is ... there has been a ... Would you ... and ... us.
- Wie dieses Beispiel zeigt, können bestimmte Wortarten ausgelassen werden, ohne dass der Sinn des Textes verloren geht:
  - Pronomen (I, you, this, that)
  - Bindewörter (and, but)
  - Präpositionen (in, through, on)
  - Artikel (a/an, the)
  - Formen von "to be/have" (am, is, have, has)

Verben auf ein Wort zusammenkürzen

Um … auszudrücken	*Benutzen Sie …*	
Vergangenheit	-ed verb	**ungekürzt:** Order No. 43 has arrived late. **gekürzt:** Order No. 43 arrived late.
Gegenwart	-ing verb	**ungekürzt:** I am trying to contact Brown. **gekürzt:** Trying to contact Brown.
Zukunft	simple present	**ungekürzt:** Lyle will call tomorrow. **gekürzt:** Lyle calls tomorrow.
Vorhaben/Verspre-chungen	-ing verb	**ungekürzt:** I shall visit Jones on Tuesday. **gekürzt:** Visiting Jones Tuesday.
Passiv	-ed verb	**ungekürzt:** The price has been reduced. **gekürzt:** Price reduced.

Seien Sie aber auch hier vorsichtig: Wenn Sie sich nicht sicher sind, ob die Englischkenntnisse des Empfängers ausreichen, schreiben Sie lieber in ganzen Sätzen, ohne Auslassungen.

Muster-SMS

SMS to & from the company

1 Changing the contract

Nach Verhandlungen mit einem deutschen Kunden hat eine griechische Firma einen Kaufvertrag aufgesetzt und ihn dem Kunden zur Prüfung zugeschickt. Hier ist die gesimste Antwort des Kunden.

Tks 4 sales contract. 2 changes: Delivery date. We agreed 15 Oct! Pls specify payment by banker's draft. Otherwise, OK for signing.

1 Den Vertrag ändern

Danke für den Kaufvertrag. Zwei Änderungen: Lieferdatum. Wir hatten uns auf den 15. Oktober geeinigt! Bitte die Zahlung als Bankscheck spezifizieren. Sonst in Ordnung, fertig zum Unterzeichnen.

2 Attending the talks

Diese SMS kam von einem deutschen Geschäftsmann, der an Verkaufsgesprächen mit einer Firma in Dänemark teilnehmen wird.

Tks for invitation. Happy 2 attend talks 14 Sept. My train arrives 2.25pm. Can U agree to 3pm start, not 2pm? Pls inform if Mr Olavskya will B there.

2 An Gesprächen teilnehmen

Danke für die Einladung. Ich freue mich darauf, an den Gesprächen am 14. September teilzunehmen. Mein Zug kommt um 14.25 Uhr an. Könnten wir um 15.00 Uhr anfangen, nicht um 14.00 Uhr? Bitte informieren Sie mich, falls Mr Olavskya da sein wird.

3–4 Getting a taxi

RapidCab, ein Berliner Taxiunternehmen, erhält eine SMS von einem ausländischen Reisenden:

Pls send taxi @ 2pm to 145 Franz-Hals-Str. Destination: Airport. 2 persons + heavy luggage + 4 pairs of skis, length 190cm. Pls confirm taxi will be big enough.

Hier ist RapidCabs Antwort auf die SMS:

RapidCab No. 455 (Driver: Frau Sieger) will pick U up at 145 Franz-Hals-Str 2pm. We confirm taxi capacity OK. Approx 25 mins to Airport. Estimated fare: €28. Tks 4 yr order.

3–4 Ein Taxi bestellen

Bitte schicken Sie ein Taxi um 14.00 Uhr in die Franz-Hals-Straße 145. Fahrtziel: Flughafen. Zwei Personen mit schwerem Gepäck und vier Paar Skier, Länge 190 cm. Bitte bestätigen Sie mir, dass das Taxi groß genug ist.

RapidCab Nr. 455 (Fahrer: Frau Sieger) wird Sie um 14.00 Uhr in der Franz-Hals-Straße 145 abholen. Wir bestätigen, dass die Größe des Taxis ausreicht. Die Fahrt zum Flughafen dauert ungefähr 25 Minuten. Geschätzter Fahrpreis: € 28. Vielen Dank für Ihren Auftrag.

5–6 Reminders

Hier sind zwei Arten von gesimsten Erinnerungsschreiben. In dem ersten erinnert eine Wirtschaftsschule einen Studenten daran, dass seine nächste Unterrichtsstunde ansteht.

May we remind U yr next tuition hour will be tomorrow (Monday), 3-4pm, Room 25. Tutor: Frau Bach. H/work due: Excs. 14a-15a (Book & Audio-CD).

Die nächste Erinnerung wird an einen Kunden wegen einer noch ausstehenden Zahlung gesimst:

May I remind U yr payment Order A223 (16 May) is overdue. To avoid complication, pls pay by banker's draft as per contract or call me asap 0223/44592. Tks.

5–6 Erinnerungsschreiben

Dürfen wir Sie daran erinnern, dass Ihre nächste Unterrichtsstunde morgen (Montag) von 15.00 -16.00 Uhr in Raum 25 stattfinden wird? Tutorin: Frau Bach. Hausaufgaben: Übungen 14a-15a (Buch und Audio-CD).

Darf ich Sie daran erinnern, dass die Zahlung für Ihre Bestellung A223 vom 16. Mai noch aussteht? Um Komplikationen zu vermeiden, zahlen Sie bitte per Bankscheck wie vertraglich festgelegt oder rufen Sie mich so bald wie möglich unter 0223/44592 an. Danke.

7–8 Booking a table

Ein Frankfurter Restaurant erhält diese Reservierung per SMS von einem amerikanischen Kunden während der internationalen Buchmesse.

Pls reserve table for 4 @ 7.30pm October, 12. Non-smoking. Prefer far end of restaurant as last week. Tks.

Hier ist die Antwort des Restaurant-Managers:

To confirm: yr usual table for 4 is reserved for 7.30pm, 12 Oct. FYI: Tuesday Special: venison, cranberries, homemade dumplings, fruit salad. Tks 4 yr booking.

7–8 Einen Tisch reservieren

Bitte reservieren Sie einen Nichtraucher-Tisch für vier Personen am 12. Oktober um 19.30 Uhr. Am liebsten im hinteren Teil des Restaurants, wie letzte Woche. Danke.

Bestätigung. Ihr üblicher Tisch ist reserviert für vier Personen, am 12. Oktober um 19.30 Uhr. Zu Ihrer Information: Unser spezielles Dienstagsmenü: Rehbraten mit Preiselbeeren und hausgemachten Knödeln, Fruchtsalat.

9 Update

Eine deutsche Exportfirma verschickt eine Nachricht an einen Kunden, um ihn auf dem Laufenden zu halten:

FYI: Order 51/3. Shipment leaving Hamburg 2morrow MS Menzel, due Rotterdam Sunday. Yr contact: Kai Bergkamp 0561-63225

9 Aktualisierung

Zu Ihrer Information: Bestellung 51/3. Die Lieferung geht morgen mit der MS Menzel ab Hamburg raus, wird Sonntag in Rotterdam erwartet. Ihre Kontaktperson: Kai Bergkamp 0561-63225

10 A new product

Diese SMS wurde von einem Hersteller von Freizeitartikeln an alle Kunden auf der europäischen Adressenliste des Unternehmens verschickt:

SWIFTDRIVE 2 is out! Visit http://www.leisureware.com to see our new model. Special intro-offer: 5% off catalog price if U order by 1 Sept. Special terms 4 orders of 100+

10 Ein neues Produkt

SWIFTDRIVE 2 ist jetzt auf dem Markt! Besuchen Sie unsere Website http://www.leisureware.com, um unser neues Modell zu begutachten. Sonder-Einführungspreis: 5% Rabatt vom Katalogpreis, wenn Ihre Bestellung bis zum 1. September eingeht. Spezielle Konditionen für Bestellungen über 100 Stück.

11 Conference

Ein Nürnberger Hotel hat per SMS eine Anfrage eines schwedischen Geschäftsmannes erhalten, der Verkaufsgespräche in er Stadt organisiert. Dies ist die Antwort des Hotels:

Tks 4 yr enquiry. Conference room, OHP, A/V, refreshments 8am-6pm, Friday, 24 June. Bar: 11am-midnight. Total charge incl VAT: €230. Book via http://www.hundertmarkhotel.nuernberg.de

11 Konferenz

Vielen Dank für Ihre Anfrage. Konferenzraum, Overhead-Projektor, Audio-/Videoeinrichtungen,
Erfrischungen für Freitag, den 24. Juni 08.00-18.00 Uhr. Die Bar ist von 11.00 bis 24.00 Uhr geöffnet. Gesamtpreis inklusive Mehrwertsteuer: € 230. Buchen Sie bitte über unsere Website: http://www.hundertmarkhotel.nuernberg.de

12 Today's specials

Ein Gastronomie- und Lieferservice in Frankfurt hat Kunden sehr unterschiedlicher Nationalitäten auf seiner Adressenliste. Diese SMS wurde ihnen heute zugesendet:

2day's special: Bombay Curry Pizza €8. Free ltr Coke with orders over €12. Incl delivery (max 30 mins Ffm locations). View entire menu on http://www.pizzaheavenfrankfurt.de

12 Heute im Angebot

Heute im Angebot: Bombay Curry Pizza für € 8. 1 Liter Coke kostenlos bei jeder Bestellung über € 12. Lieferung inklusive (maximal 30 Minuten Fahrtzeit innerhalb von Frankfurt). Sehen Sie sich unsere vollständige Speisekarte an: http://www.pizzaheavenfrankfurt.de

13 Room with a view

Ein Makler in Deutschland informiert einen ausländischen Geschäftspartner per SMS über ein Mietobjekt:

Have found the apt U want. 135 sqm. New residence; 3 rooms, kitchen, bath, WC, balcony. 10 mins city centre. €1400 + add'l costs + garage €80. Available 17th. View 2morrow? Meeting time?

13 Zimmer mit Aussicht

Ich habe die Wohnung, die Sie suchen, gefunden. 135 qm, Erstvermietung, 3 Zimmer, Küche, Bad, Gästetoilette, Balkon. 10 Minuten zur Stadtmitte. € 1400 + NK + Garage € 80. Verfügbar ab dem 17. Möchten Sie sich die Wohnung morgen ansehen? Wann könnten wir uns treffen?

14 Register now!

Ein Wirtschaftsberatungsinstitut in London informiert per SMS internationale Firmen aus seiner Adressenliste über ein anstehendes Weiterbildungsangebot:

> Seminar: E-commerce Trends & Methods. 21 May, 2-6pm, Keynes Suite, Coney Centre. Incl hands-on workshop. Sponsors: Randall Consulting. Register now! Fee: €115. More info: call Fiona.

14 Melden Sie sich jetzt an!

Seminar: E-Commerce Trends und Methoden. 21. Mai, 14.00-18.00 Uhr, Keynes Suite, Coney Centre. Inklusive hands-on Workshop. Sponsoren: Randall Consulting. Melden Sie sich jetzt an! Teilnahmegebühr: € 115. Rufen Sie Fiona an, um mehr Informationen zu erhalten.

15 A delay

Eine Münchner Firma erwartet Signore Travelli, einen Besucher aus Italien. Sie erhält diese SMS von ihm:

> Can't keep 11am appointment. Apologies! Held up in Rome by fog. Now due at Frankfurt 11.30. Pls suggest new meeting time.

15 Eine Verspätung

Ich kann die Verabredung um 11.00 Uhr nicht einhalten. Es tut mir leid. Ich bin in Rom wegen Nebels aufgehalten worden. Ich komme jetzt um 11.30 Uhr in Frankfurt an. Bitte schlagen Sie einen neuen Termin für unser Treffen vor.

In-company SMS

16 A change in the plan

Birgit, die Signore Travellis SMS erhalten hat (oben), ändert den Zeitplan und informiert Phil, ihren britischen Kollegen in der Firma:

> Travelli's flight delayed. So we'll cancel reception. New starting time: 12.30. Coffee & refreshments during talks instead: Board Room. Pls adjust yr schedule & inform catering.

16 Eine Änderung in der Planung

Travellis Flug ist verspätet. Also werden wir den Empfang streichen. Neuer Starttermin: 12.30 Uhr. Kaffee und Erfrischungen werden wir stattdessen während der Gespräche im Board Room servieren. Bitte ändere deinen Zeitplan und informiere die Catering-Firma.

17 Check the file

Birgit schickt diese Mitteilung per SMS an Phil, nachdem sie einen Anruf von einem japanischen Kunden erhalten hat:

> Taki (Dotaki Corp) wants choice of payment terms: €2400 30 Sept or €2700 31 Jan. Pls check Dotaki file first (cashflow problem?). Then discuss with Taki 2morrow, Tokyo business hrs.

17 Überprüfe den Ordner

Taki (von Dotaki Corporation) möchte zwischen zwei Zahlungsbedingungen wählen: € 2400 bis 30. September oder € 2700 bis 31. Januar. Bitter überprüfe erst einmal den Dotaki-Ordner (Cashflow-Probleme?) Dann besprich es mit Taki morgen während Tokyoter Geschäftsstunden.

18 Progress report

Hier ist ein Zwischenbericht, den Birgits und Phils Firma von ihrem skandinavischen Vertreter erhalten haben:

> Kolding contract agreed; ready 4 signing Monday latest. Meeting Lagerwall 2morrow. Booked return flight 14 Oct dep Oslo arr Ffm 1015hr.

18 Zwischenbericht

Über den Kolding-Vertrag wurde eine Einigung erzielt. Er ist spätestens am Montag fertig zum Unterzeichnen. Ich treffe morgen Lagerwall. Ich habe einen Rückflug für den 14. Oktober ab Oslo gebucht, Ankunft in Frankfurt um 10.15 Uhr.

19 Replacements

Einige Mitarbeiter eines Call-Centers in Deutschland haben sich für eine Woche krank gemeldet. Daher simst Frau Breyer, die Managerin, kurzfristig diese Mitteilung an alle Mitarbeiter:

> Urgent! Replacement staff needed: Mon-Sat 8.30-12.30, 12.30-16.30, 16.30-20.30. Pls inform me asap which day(s) & shift(s) U can work. As many as poss pls!

19 Vertretungen

Dringend! Vertretungen gesucht für: Montag-Samstag 08.30-12.30, 12.30-16.30, 16.30-20.30. Bitte informieren Sie mich so bald wie möglich, an welchen Tagen und in welchen Schichten Sie arbeiten können. So viele wie möglich, bitte!

20 Report wanted

Der Geschäftsführer eines in Deutschland niedergelassenen Online-Verlags schickt diese SMS an seinen Vertreter in Madrid:

Rec'd complaint last sentence Spanish homepage. Translation error? Pls inform. Also: When will yr report on student consumers B ready? We agreed 15 Aug deadline.

20 Bericht gewünscht

Ich habe eine Beschwerde erhalten wegen des letzten Satzes auf der spanischen Homepage. Ist das ein Übersetzungsfehler? Bitte informieren Sie mich. Und: Wann wird Ihr Bericht über Studenten als Verbraucher fertig sein? Wir hatten uns auf den 15. August als Abgabetermin geeinigt.

Anhang

Häufig gebrauchte Abkürzungen

Bitte beachten Sie: Diese Abkürzungen können auch in Kleinbuchstaben geschrieben werden.

@	at
2B	to be
2day	today
2L8	too late
2morrow	tomorrow
4	for
ADD'L	additional
AFAIK	as far as I know
ASAP	as soon as possible
ATB	all the best
ATTN	attention/For the attention of
B	be
B4	before
BCZ	because
BTW	by the way
C	see
CD/CLD	could
CTTEE	committee
CU	see you
F2F	face to face
FAO	For the attention of
FYI	For your information
HAND!	Have a nice day!
IMHO	in my humble opinion
IMO	in my opinion
INCL	inclusive/including
INFO	information
IOW	in other words
MSG	message
MTG	meeting
OTOH	on the other hand
PCM	Please call me
PLS	please
PLZ	please
POSS	possible
PPL	people
PWB	Please Write Back
R	are
RGDS	Regards
SD	should
SLD	should
SPK	speak
THX	thanks
TIA	thanks in advance
TKS	thanks
U	you
WD	would
WKND	weekend
WLD	would
YR	your

Andere in den Modellbeispielen benutzte Abkürzungen

A/V	audio-visual (facilities)
accomm	accommodation
apt	apartment
CET	Central European Time
CIF	cost, insurance and freight
corp	corporation
esp	especially
exec	executive
HR	Human Resources
L/C	letter of credit
MD	Managing Director
MS	motor ship
OHP	overhead projector
R&D	Research and Development
rec'd	received
sqm	square metre(s)
VAT	Value Added Tax
VC	videoconference

Emoticons

:-)	Smiley: glücklich, froh
:-D	lachen
:->	sarkastisches Lächeln
;-)	zwinkern
:-o	überrascht
:-&	sprachlos
:-/	ich bin skeptisch
:-s	ich verstehe nicht
:-(	traurig
(:-(	sehr traurig
8-O	Oh, nein!